Stb

Beate Kuby

Der therapeutische FLOHMARKT

Fragen und Antworten aus der Praxis

Stb

Originalausgabe

ISBN 978-3-8434-3030-2

1. Auflage März 2013

Umschlag: Murat Karaçay, Schirner,
unter Verwendung von #40865083 (sarsmis), www.fotolia.de
Redaktion & Satz: Claudia Simon, Schirner,
unter Verwendung von #48497271 (2567394), www.fotolia.de
Printed by: OURDASdruckt!, Celle, Germany

www.schirner.com

Inhalt

Vorwort

All ihr Lieben, Freunde, Kollegen und Klienten,

dieses Buch ist entstanden, weil ihr es zu Recht von mir eingefordert habt. Ich hoffe, es ist seinen Preis wert und ihr langweilt euch nicht. Ich kann noch viele dieser Frage-Antwort-Bücher schreiben. Es macht mir großen Spaß.
Mein Mann telefoniert gerade mit wunderbaren Menschen, Alt-68ern, die uns ganz unverhofft (weil keine Kinder) ein Gartenhäuschen vererben wollen. Ihr seht: Das Leben trägt – es sind keine hohlen Sprüche. Gerade ruft noch eine ganz liebe Familie bei mir an. Wir haben gut zusammengearbeitet, und das Kind hat seit acht Wochen keinen Krupp-Anfall mehr gehabt, obwohl die Eltern sich hin und wieder doch noch streiten. Ich bin glücklich, und ich habe den schönsten und wunderbarsten Beruf der Welt!
Und dann laufen einem doch immer wieder solche tollen Typen wie Kirsten Katzenmayer (schon adoptiert, weil so ein sperriger Charakter gut ins Haus passt) und dann auch noch eine Katja Hanisch über den Weg, die K. K. in nichts nachsteht. Meine wunderbaren Textelumpensammler und Korrektoren Horst Vogt und Harald Schumann haben die männliche Energie in diesem Buch ergänzt.
Allen sei Dank, und ich meine das auch so!

In Liebe
Beate Kuby

Einleitung

Ich habe mir gerade die Falten wegmachen lassen und arbeite nun daran, neue zu entwickeln.

Warum ein Buch?

Als ich (Kirsten Katzenmayer) mal wieder ein Seminar bei Beate hatte und in der Küche unserer Seminarräume mit anderen Teilnehmern diskutierte, stellten wir fest, dass wir eigentlich alles auf Band aufzeichnen müssten, was Beate uns so nebenbei beibrachte. Nicht nur ich hatte das Gefühl, dass ein Nebensatz Beates beim Teekochen in der Küche die lang ersehnte Antwort auf ein bestehendes Problem oder eine Frage enthielt, und so nahm ich mir vor, alle Fragen, die mir und meinen Freunden und Bekannten einfallen würden, zu stellen und Beates Antworten dazu aufzuschreiben. Als ich mit Beate Rücksprache hielt, erzählte sie mir, dass sie schon lange gerne ein Buch schreiben wollte. Dieses Vorhaben war jedoch immer auf der Prioritätenliste nach unten gerutscht. Allein die Energie in diesem Gespräch ließ uns mit dem Buch beginnen, das du nun vor dir liegen hast.
Ich wünsche dir den Spaß beim Lesen, den ich beim Schreiben hatte.

Kirsten Katzenmayer

Wie lese ich dieses Buch?

Dieses Buch ist ein lebendiger Dialog zwischen dir und mir. Ich wünsche mir, dass du es kreuz und quer und diagonal liest und dir deine eigene Wahrheit daraus erschließt.

Deshalb habe ich keine Kapitel eingebaut. Lies einfach los, mache viele Eselsohren, stelle Rückfragen, sodass dieses Buch ein Teil von dir wird. Und wenn du willst, können wir danach gerne in einen Dialog treten.

Natur

Wie du mit der Natur umgehst,
so gehst du mit dir selbst um.

Was ist natürlich?

Natur ist individuell und gehört in dieser Ausdrucksform, die wir kennen, zur Erde. Die Erde drückt sich also durch die Natur aus. Wir können fühlen, weil wir einen Körper haben, den wir der Erde entnehmen. Das Wasser im Körper ist unser Bewusstseinsträger und verbindet das kosmische und das Erdenwissen. Das Wasser trägt unsere Gefühle. Der Körper, den wir geschenkt bekommen haben, den wir mit mentalen Kräften konstruiert haben, ermöglicht es uns, mit den Geschenken der Erde in Kontakt zu treten. Wir sind dennoch geistige Wesen, und es ist nicht nötig, in ferne Länder zu reisen, denn jeder hat alles, was er benötigt, vor seiner Haustür. Es ist dennoch wichtig, ein Stück Natur zu finden, mit dem man in Resonanz gehen kann. Das kann für den einen seine Zimmerpflanze sein, für den anderen sein Balkon oder sein Garten und für einen Dritten ein völlig unberührtes Stück Natur. Der Himmel aber ist der Schutzraum der Erde, ihre Aura. Wichtig für unsere Entwicklung ist, Erfahrungen mit dem Körper zu sammeln – zu riechen, zu schmecken, zu sehen, zu hören usw.

Ob wir es glauben oder nicht: Unsere Zimmerpflanze kann uns erziehen. Die Zimmerpflanze geht in Resonanz mit uns. Sie wird ein Teil unseres Körpers, und wir werden ein Teil ihres Körpers. Die Pflanze zeigt uns den Zustand unseres Seins. Mehrere eigene Pflanzen repräsentieren die Facetten unserer Persönlichkeit. Die Emotionen, die wir beim Betrachten der Pflanze haben, zeigen uns die Facetten, die durch diese Pflanze angesprochen werden.

Wir sind hier, um unsere Gefühle auszubilden, wir erfahren auf der Erde unseren Körper. Es gibt ein kosmisches Urgefühl von Liebe ohne Bedingung und ohne Preis. Hier auf der Erde bekommen wir die Polarität dazu: Schwarz/Weiß, Liebe/Hass. Dieses Spannungsfeld ermöglicht es uns erst, unseren Körper mit allen Sinnen wahrzunehmen, im Umgang mit den Gefühlen Meisterschaft zu erlangen. Und das macht die Erde als Aufenthaltsort erst interessant. Es ist für uns anstrengend. Wir müssen alle unsere Erinnerungen aufgeben, denn wenn wir uns nicht hundertprozentig auf dieses Leben einlassen, ist keine Erfahrung möglich.

Was ist natürlich, was ist unnatürlich bezogen auf allgemein verbreitete Umgangs- und Verhaltensweisen von Menschen in unserem Kulturkreis?

Natürlich ist alles, was mich in Bezug auf mein Umfeld mein Selbst erfahren lässt. Unnatürlich ist jede Form der Manipulation, und unnatürlich ist es auch, wenn ich die Verantwortung für mich und mein Leben abgebe. Kinderlogik: Meine Mama ist selbst schuld, wenn sie mir keine Handschuhe mitgibt und mir die Hände abfrieren. Manche Menschen kommen aus dieser kindlichen Phase nie heraus. Wir müssen uns bewusst machen, dass wir kraft unseres freien Willens hier sind und dass nichts und niemand das Recht hat, uns seinen Willen aufzuzwingen. Wenn ich in meine Eigenverantwortung und in meinen freien Willen gehe – das funktioniert in jeder Situation –, dann geht es

mir gut. Ich brauche keine Angst zu haben, dass ich aus dem System herausfalle, eher bin ich ein Vorbild.
Ich weiß von zwei tibetischen Mönchen, die in eine dunkle Zelle, in der sie sich nur stehend aufhalten konnten, eingesperrt wurden. Sie durften nicht reden. Aber sie nutzten die Zeit und sprengten innerlich den Rahmen, in dem sie gefangen waren. Sie entwickelten eine tiefe menschliche Liebe für alles Sein und ernährten ihre Körper mithilfe von Meditation mit Licht. Schließlich führte genau das dazu, dass ihnen von dem Volk, das sie eingesperrt hatte, große Achtung entgegengebracht wurde. Als der ältere Mönch beschloss, seinen Weg in den Tod zu gehen, sagte er zu dem jüngeren: »Du gehst in das Leben.« Zu dieser Zeit hatten sie bei den Menschen bereits einen so großen Eindruck hinterlassen, dass der jüngere Mönch aus der Gefangenschaft entlassen wurde. Er konnte das Erlebte an sein Volk weitergeben, das sich unter der chinesischen Zwangsherrschaft wieder auf seinen freien Willen besann.
Was mir im Außen begegnet, ist ein Spiegel meines Inneren. Ich bin der Empfänger, und ich bestimme die Information. Je nachdem, welches Selbstbild und welche Wahrnehmung des Lebens ich gerade habe, öffne ich für Informationen, die das bestätigen, die Türen. Als Beispiel: Wenn du schwanger bist, werden dir so viele schwangere Frauen begegnen, wie schon lange nicht mehr. Wenn du dir ein rotes Auto kaufst, werden die Straßen voller roter Autos sein.

Ist der Mensch integrativer Bestandteil der Natur, oder steht er über/unter/neben ihr?

Der Mensch steht nicht über der Natur. Er braucht die Natur, um sich zu erfahren. Und nur wer sich als Teil des großen Ganzen erleben darf, wird sich eins mit allem fühlen und nicht mehr einsam und alleine.

Was können wir von der Natur lernen?

Wir können von ihr das Vertrauen in den Augenblick und das Leben im Hier und Jetzt lernen. Wir können von ihr lernen, das Wunder zu begreifen, dass immer für alles gesorgt ist, wenn ich in gutem Maß lebe.
Wo es Hungersnöte gibt, da wurde die Natur ausgebeutet und nicht geachtet. Es wurde auf egoistische Art und Weise Überfluss erzeugt. Die Natur selbst ist auf einen Ausgleich von Geben und Nehmen ausgerichtet. Wo dieser nicht beachtet wird, da entsteht kein Überfluss. Wenn die sozialen Gesetze des Zusammenlebens nicht beachtet werden, dann kommt es zum Kampf ums Überleben. Das ist vielen Machthabern recht: Wenn das Volk nur auf das Überleben ausgerichtet ist, macht es sich keine Gedanken über die Machthaber. Das ist im Großen wie im Kleinen (Familie) so.

Wie kann mir die Natur helfen?

Die Natur zeigt mir wahren Frieden, wenn ich mich auf sie einlasse. Und sie erinnert mich daran, dass ich mit ihr lebe. Wenn ich mich darauf einlasse, bin ich nie einsam, fühle mich immer geborgen und schöpfe neue Kraft für meinen Alltag.

Wie kann ich der Natur helfen?

Ich kann der Natur helfen, indem ich sie achtsam und liebevoll betrachte, nicht als Feind, sondern als Freund und als Lehrer. Mit jedem Schritt, den ich gehe, küssen meine Füße die Erde. Und ich darf jedem Wesen genauso viel Achtung widerfahren lassen wie mir selbst. Wir sind alle gleich wertvoll. Nur weil ein Affe nicht sprechen kann und nach unserer menschlichen Intelligenzmessung dümmer ist als wir, heißt das nicht, dass es tatsächlich so ist. Dieses Denken zeugt von unserer eigenen beschränkten Wahrnehmung, von unserer Neigung, uns als Nabel der Welt zu sehen, indem wir uns als Gradmesser betrachten und von dem Affen erwarten, auf unsere Art zu agieren. Würde der Affe die gleiche Betrachtung mit uns anstellen – worauf ein Affe allerdings nie kommen würde, weil er diese Hybris nicht hat und uns so sein lässt, wie wir sind –, hätten wir vielleicht einen Affen-IQ von unter 20. Wahrhaft eingeschränkt ist der, der sich selbst als Maßstab sieht. Die Natur hingegen liebt es, wenn wir offen auf sie zugehen und mit ihr in Resonanz treten.

Da wir Menschen die Erde noch nicht so lange besiedeln, sollten wir akzeptieren, dass andere Lebensformen, die schon viel länger auf der Erde sind, natürlich auch viel mehr Erfahrung mit derselbigen haben, eben mit der Natur im Einklang sind. Unsere rationale Betrachtung ist eher schädlich für unsere persönliche Weiterentwicklung. Die Tiere und Pflanzen sind unsere Lehrmeister im Umgang mit der Natur, denn sie zerstören die Erde nicht.

Macht der Ansatz »Zurück zur Natur« Sinn für Menschen, die sich spirituell weiterentwickeln wollen? Wenn ja, geht es auch ohne?

Wir sind in einem Prozess der spirituellen Weiterentwicklung, ob bewusst mittels Meditation oder unbewusst, das heißt im Schlaf. Ich kann in einer Höhle sitzen und meditieren und mich so spirituell weiterentwickeln. Dies wurde von Menschen getan, um als Transformatoren Bewusstsein auf die Erde zu holen.
Wir haben einen Vertrag mit der Erde: Die Erde schenkt uns unser materielles Sein, und wir schenken der Erde Informationsaustausch. Wir sind Sender und Empfänger, das heißt, wir bringen kosmische Informationen auf die Erde und senden Informationen in den Kosmos. Alles, was auf der Erde herausragt (Berge, Bäume, Menschen, Tiere etc.), ist auch gleichzeitig ein Sender.
Die Erde wird immer feinstofflicher und irgendwann in eine andere Bewusstseinsform übergehen. Das ist unter

anderem an dem ständig schwächer werdenden Magnetfeld zu erkennen.
Da wir uns überall im Kosmos weiterentwickeln können, brauchen wir die Natur nicht direkt, wir können auch andere Systeme und die Energien auf anderen Planeten nutzen. Auf der Erde erinnert uns die Natur an unser natürliches göttliches Sein, an all die Formen göttlicher Schöpfungskraft und Kreativität, die auch in uns schlummern. Hier auf der Erde brauchen wir ein Du. Es macht heute keinen Sinn mehr, in der Höhle zu sitzen. Wir müssen wie die Jünger Christi ausschwärmen, um Wissen zu teilen und weiterzugeben. Es ist ganz wichtig, mit anderen Menschen und mit der Natur unsere Spiritualität praktisch zu leben. Dafür brauchen wir die Natur als interaktiven Partner.
Zur Natur gehören auch die Menschen. Diejenigen sind glaubwürdig, die keine Hybris mehr haben. Man kann sagen, dass viele Jünger die Schande des Gurus sind. Es ist wichtig, uns gegenseitig darin zu unterstützen, unseren eigenen spirituellen Weg zu gehen. In unserem Zeitalter sollte niemand abhängig gemacht, niemand festgehalten und keine Macht über Wissen ausgeübt werden. Jeder ist zu jeder Zeit an alle Informationen angeschlossen. Ich kenne Schamanen, die schon lange das wissende Feld, sozusagen das Ur-Internet, beherrschen – ganz ohne Computer. Sie sagen: »Wir marschieren morgen los, immer in Richtung Norden, dort gibt es Brüder von uns. In 20 Tagesmärschen werden wir sie treffen.« Sie verbinden sich mental, geben die Information ab, und die Brüder, die sie besuchen wollen, die sie noch nie körperlich gesehen haben, empfangen

die Botschaft und haben bei ihrer Ankunft alles für ein großes Fest vorbereitet. Dies geschieht ganz selbstverständlich und ohne infrage gestellt zu werden. In unserer Gesellschaft könnte man mit einem solchen Verhalten ganz schnell in der Psychiatrie landen.

Wir sollten unsere Meinung, wie die Welt auszusehen hat, nicht permanent an andere Menschen weitergeben. Jede Information, die wir bekommen, ist subjektiv und wurde von einem Menschen, der auch nicht begabter ist als wir selbst, erstellt. Da wir nicht wissen, welchen Sinn und Zweck dieser Mensch verfolgt, ist es immer gefährlich, Informationen eins zu eins zu übernehmen. Beispielsweise geschehen jeden Tag auf der Erde mindestens so viele positive wie negative Dinge. In den Medien wird aber fast ausschließlich über negative Dinge berichtet, somit werden Angst und Zweifel erzeugt. Unser Energiefeld schrumpft, und wir sind in dem Stadium, in dem die Medien (bzw. die Menschen, die Macht für egoistische Zwecke nutzen wollen und diese Zwecke oft verbrämen mit einem übergeordneten Ziel, sei es wirtschaftlich, religiös oder politisch) uns haben wollen. Wir sind manipulierbar, auch wenn wir glauben, unsere Meinung frei bilden zu können. Merke: Kein Mensch hat das Recht, sich über andere zu erheben. Und wer dies tut, ist von seinem Bewusstsein her weniger entwickelt, als die, über die er urteilt. Nur wenn wir das Spiel nicht mitspielen, nehmen wir diesen Menschen die Macht.

Einschränkung und Begrenzung erzeugen wir immer selbst. Es gibt viel mehr Möglichkeiten der Erwerbstätigkeit, als man sich selbst erlaubt. Wenn ich meinen Blickwinkel etwas ändere, gibt es immer wieder Arbeitsfelder zu entdecken, in denen ich mich wunderbar entwickeln kann. Die Situation, in der ich mich gerade befinde, fühlt sich, auch wenn sie mich einengt, ein Stück vertrauter an als ein neues Umfeld. Bei Erschütterungen neigen wir immer wieder dazu, in unser altes Muster zu verfallen, weil es uns bekannt und vertraut ist, auch wenn es uns schadet. Darum nutze jederzeit die Kraft, die du gerade hast, um etwas anders zu tun als bisher. Das einzig Beständige ist der Wandel, das sieht man an der Schöpfung. Leben ohne Wandel ist nicht möglich.

Flora

Jede Lebensform hat ihre eigene Intelligenz. Es ist unnötig und zeugt von Dummheit zu vergleichen.

Können Pflanzen denken? Wenn ja, wie gehe ich mit ihnen um? Manchmal werden Pflanzen zu groß, oder sie gefallen mir einfach nicht. Wie werde ich eine Pflanze wieder los, wenn ich sie nicht wegwerfen kann?

Pflanzen können auf ihre eigene Art und Weise denken. Pflanzen können planvoll und zielgerichtet handeln. Das haben sie seit Beginn der Evolution immer wieder bewiesen. Ich bin mit meiner Pflanze immer in Kontakt. Wenn ich die Pflanze loswerden will oder es mich stört, wenn sie wuchert, sollte ich auch in mich gehen, mein eigenes Leben betrachten und sehen, welcher Bereich in meinem Leben zu sehr »wuchert« und alles andere zu ersticken droht. Dann kann ich der Pflanze sagen: »Ich habe verstanden«, und sie wird das Wuchern einstellen. Es kann auch sein, dass ich über mich hinauswachsen will und einen anderen Raum, ein anderes Umfeld benötige. Dann kann die Pflanze der Anlass sein, umzuziehen, mir selbst mehr Raum zu geben. Ansonsten kann ich auch innerlich darum bitten, dass jemand genau diese Pflanze braucht, und ich kann sie in die Obhut eines anderen geben. Ich muss nichts zerstören, nur weil es nicht mehr zu mir passt.

Kann ich mir noch guten Gewissens Schnittblumen kaufen?

Ja, wenn ich die Schnittblumen achte und ehre. Denn auch die Schnittblume hat entschieden, eine Schnittblume zu sein. Auf freiem Feld würde sie auch nach einer gewissen Zeit verwelken. Im Mittelpunkt eines Hauses kann sie an der Gefühlswelt der Menschen teilnehmen. Die Informationen, die von der Pflanze aufgenommen werden, gehen an ihre Wurzel zurück (ja, Schnittblumen haben noch Wurzeln, wenn auch nicht mehr an ihrem Pflanzenkörper). Ohne den Gedanken, dass sie einmal eine Schnittblume wird, würde sie nicht existieren. Das gilt auch für den Weihnachtsbaum, der seinen Standort aufgibt, somit sein physisches Leben verkürzt, um in menschliche Gesellschaft zu kommen und dort Informationen zu vermitteln. Auch Blumen am Wegrand darf ich abschneiden, wenn ich sie um Erlaubnis gefragt habe oder wenn ich das Gefühl habe, eine Blume lacht mich an und sagt: »Nimm mich mit.« Wir dürfen davon ausgehen, dass uns die Naturgeister immer hilfreich zur Seite stehen wollen. Zum Beispiel kann eine vom Spaziergang mitgebrachte Blume eine wichtige Verbindung zur Natur sein. Sie kann durch die Freude, die sie bereitet, viel Schlimmes verhindern.

Sind Bonsai verkrüppelt?

Ein Bonsai zeigt, dass auch in etwas Kleinem etwas Großes und Starkes stecken kann. Im Bonsai ist die Kraft eines ganzen Baumes gebündelt. Er ist ein Ausdruck der tiefen Verbundenheit des Menschen mit der Natur, sonst würde er die Beschneidung und Minimalernährung nicht mitmachen. Der Bonsai schenkt dem Menschen die Achtung für die Natur und nimmt ihm die Angst vor der Natur, auch vor der eigenen Natur, davor, überwältigt und verschlungen zu werden. So kann der Mensch die Natur in den Griff bekommen. Das Zusammenspiel zwischen Mensch und Bonsai ist ein sehr sensibles. Der Bonsai spielt mit, aber wenn ich seine Regeln nicht beachte, stirbt er.

Fauna

Tiere spiegeln uns unsere (un-)erlösten Triebe und Emotionen.

Welchen Stellenwert haben Tiere?

Ein Tier ist genau wie du ein Teil der Schöpfung. Es verfügt über seine Art der Intelligenz, und es gehört niemals dir, auch wenn du noch so viel dafür bezahlt hast. Wenn du Gehorsam erzwingst, geht das auf Kosten der Liebe, auch deiner Selbstliebe. Wer bist du, wenn du scheinbar Macht über ein Tier hast? Hast du das wirklich nötig?

Zuerst einmal sollten gegenseitiges Kennenlernen und Freundschaft auf deiner Prioritätenliste ganz oben stehen. Hast du einem Tier die Mutter genommen, um es an dich zu binden, dann hast du die Pflicht, diese Funktion samt der notwendigen liebevollen Erziehung (keine Erziehung im Tierreich ist grausam) zu übernehmen. Du wirst es aber niemals so gut können wie die Tiermutter. Fühlt sich dein Tier wohl und artgerecht gehalten, entwickelt es eine Bindung zu dir und beginnt, sich für deine Welt zu interessieren. Man kann diesen Effekt auch mit einem Tier, das sich schier zu Tode langweilt, erzielen; es wird dann froh über jede Abwechslung sein, aber echte Freundschaft werdet ihr füreinander nicht entwickeln. Das merkst du daran, dass sich dein Tier nicht so entwickelt, wie du es von ihm erwartet hättest, weil ihr kein gegenseitiges Grundvertrauen aufgebaut habt. Tiere, die gerne und freiwillig lernen, fordern ihre Halter auf: Komm, lass uns weitermachen. Das ist der beste Beweis dafür, dass du es richtig machst. Und vergiss nicht, dass du, während du meinst, ein Tier zu erziehen, auch von ihm erzogen wirst. Nur wenn du dich für seine Welt interessierst, interessiert es sich auch für deine Welt.

Falls du aus gesundheitlichen oder materiellen Gründen dein Tier nicht länger bei dir behalten kannst, dann gestehe euch beiden eine Abschiedsphase zu, und sprich mit deinem Tier wie mit einem Menschen darüber. Wähle einen neuen Halter, von dem sich dein Tier angezogen fühlt, auch wenn ein anderer dir persönlich sympathischer wäre. Und halte dir die Möglichkeit offen, zu Besuch vorbeizukommen.

Immer finde ich verletzte Tiere, die ich dann aufpäpple. Warum immer ich?

Die Tiere repräsentieren unsere Lebenstriebe und Antriebe. Wenn ich ein verletztes Tier finde, ist auch ein Stück meines Selbst verletzt. Deswegen geht mein Wahrnehmungsfenster in diese Richtung auf, und ich bin derjenige, der dieses Tier sieht und findet. Wenn ich das Tier pflege und mich seiner annehme, gehe ich über diesen Umweg auch in die Selbstfürsorge und in die Selbstheilung. Ich tue es also für mich. Wenn ich mich durch diese Tätigkeit überlastet und ausgebeutet fühle (zum Beispiel als Leiter einer Auffangstation oder eines Tierasyls), zeige ich mir damit, dass ich meine Grenzen nicht achte, dass mich mein eigenes Leid überwältigt und ich selbst dringend Hilfe brauche. Über diesen Umweg gebe ich mir die Berechtigung, diese Hilfe einzufordern. Muss ich zum Beispiel meinen Gnadenhof wieder schließen, weil ich mich übernommen habe, dann bedeutet das, dass ich alles Überflüssige loslassen und mich wieder auf mich und das Wesentliche konzen-

trieren soll. Jeder ist nur für sich selbst verantwortlich. Ein gerade geborenes behindertes Kind kann uns das zeigen, denn es ist in der Lage, viele Menschen um sich herum rund um die Uhr zur Hilfe zu animieren.
Ich darf mich um andere sorgen, sollte aber niemals Verantwortung für andere tragen, sondern ihnen lieber Hilfe zur Selbsthilfe geben. Das heißt auch, ein verletztes Tier, das ich gesund gepflegt habe, nicht unbedingt festzuhalten, sondern vertrauensvoll in gute Hände zu übergeben. Ich erschaffe mein Leben mit meinen Gedanken und Gefühlen jeden Tag neu, und ein verletztes Tier dient mir zur Selbsterfahrung, oft auch als eine Art Waffe, um den Mitmenschen sagen zu können, für wie schlecht ich sie halte. Wenn ich einen Schwachen um mich habe, fällt es mir leichter, mich stark zu fühlen.

Alle meine Tiere werden krank und sterben. Warum?

Tiere tragen viel für uns. Vielleicht wollen die Tiere dich vertraut machen mit dem Loslassen, mit Gedanken über den Tod und das Leben danach. Vielleicht repräsentieren sie auch die Anteile in dir, die du absterben lässt, nicht lebst oder deine eigene Todessehnsucht.

Ich bin supersauber und ordentlich, trotzdem plage ich mich immer mit Ungeziefer herum. Wesentlich unordentlichere Freunde von mir haben nie ein Problem. Warum ist das so?

Fühle ich mich selbst überfordert und unrein, setze ich zu schwache Grenzen und gestatte auf diese Weise Parasiten, sich von meiner Energie zu nähren. In diesem Fall sollte ich Innenschau halten, mehr Selbstfürsorge walten lassen und mich möglicherweise von den Menschen verabschieden, bei denen Geben und Nehmen nicht ausgewogen sind. Im Nu werden auch die Parasiten verschwinden.
Alle Muster, die ich im Außen finde, haben Botschaften und arbeiten für und nicht gegen mich, aber diese wollen entschlüsselt sein, um innere Türen zu öffnen. Diese Botschaften weisen auch darauf hin, dass ich die Schuld nicht immer bei mir selbst suchen sollte, sondern auch meinen Mitmenschen ihren Anteil lassen muss, um ihnen die Möglichkeit zu geben, eigene Lehren daraus zu ziehen.

Ich habe vor allen Tieren Angst. Warum? Und wie werde ich diese Angst los?

Es bedeutet, dass man Angst vor seinen eigenen Trieben und Antrieben hat. Jedes Tier hat eine eigene Bedeutung. Hier einige Beispiele:

- Hund – Angst vor der eigenen Sexualität; häufig Übergriffe erlebt

- Katze – Angst, in die eigene Individualität zu gehen; Angst, sich spirituell weiterzuentwickeln
- Spinne – Angst, eingesponnen zu werden; häufiger Grund: eine sehr dominante und gluckige Mutter
- Schlange – Angst vor der eigenen Weiterentwicklung, dem eigenen Wissen, der inneren Weisheit; kein Vertrauen in den Fluss des Lebens; die Schlange ist auch ein Phallussymbol: Angst vor der Männlichkeit, vor Sexualität; eventuell Übergriffe erlebt
- Fledermaus – Angst, dem eigenen Schatten zu begegnen; Angst, negative Empfindungen zuzulassen; Angst vor eigenen unbewussten Inhalten/Themen

Warum sind vielen Menschen Tiere wichtiger als andere Menschen?

K. K.: Nehmen wir an, jeder von uns wäre eine Kugel. Keiner von uns ist ganz rund, sondern auf der Außenfläche mit mehr oder weniger Ecken, Lücken und Kanten versehen. Unser ganzes Leben lang versuchen wir, die Lücken aufzufüllen, die Ecken und Kanten einzuebnen. Ein Tier bietet eine Möglichkeit, Lücken zu füllen oder Kanten zu begradigen. Jedes Tier steht für ein anderes Bedürfnis, das wir mit ihm befriedigen können. Der Hund beispielsweise steht unter anderem für Vertrauen und bedingungslose Liebe. Menschen, die sich zu diesem Tier hingezogen fühlen, fehlen entweder diese Eigenschaften, oder sie glauben, diese von einem Menschen nicht erhalten zu können.

Weshalb haben Menschen Tiere als Partnerersatz?

K. K.: Tiere kommunizieren nicht in unserer Sprache, daher werden sie bzw. wird ihr Verhalten von uns gedeutet. Einer Katze, die sinnend aus dem Fenster sieht, unterstelle ich automatisch tragende Gedanken. Ich wäre sehr verblüfft, würde sie lediglich über die Nachbarkatze nachdenken, darüber, dass diese sowieso zu dick sei, aber immer noch Mäuse in sich reinstopfe. Wärst du nicht ebenfalls verblüfft?

Ein weiterer Grund, ein Tier den Menschen vorzuziehen, sehe ich in der Erwartungshaltung, mit der wir unseren Mitmenschen im Gegensatz zu Tieren begegnen. Wir erwarten von einem Hund nicht, dass er immer unsere geheimsten Wünsche errät oder sie uns gar erfüllt, bevor wir sie überhaupt selbst kennen. Zudem reden Tiere auch nicht über ihre Erfahrungen mit ihren Menschen, so bleibt die Privatsphäre gewahrt. Also kann ich mich durchaus vor meinem Tier »outen«, über Emotionen reden, mich schlecht benehmen, es wird mich dennoch nicht bewerten.

Arbeit

Vergib dir, und sei in Frieden mit
dir selbst, dann wird dir auch deine
Umwelt in Frieden begegnen.

Ist bei uns eine Lebensweise vorstellbar, in der Arbeit freudvoll, selbstbestimmt und zum Wohle sowohl der Allgemeinheit als auch des Individuums vollbracht wird?

Gerade hier in den westlichen Ländern haben wir die besten Möglichkeiten, genau das zu vollbringen. Wir durften die letzten Jahrzehnte auf ein hohes Bewusstseinsniveau kommen, die vergangenen Kriege und der darauffolgende Frieden haben uns viel über das Menschenbild nachdenken lassen. In den letzten Jahrzehnten sind die Deutschen, die zuvor immer Frei- und Vordenker waren, Verarbeitende der Niederlagen der beiden Weltkriege und Aufarbeitende des moralischen und grundsätzlichen Menschenbildes geworden, das wir von uns und anderen haben. Es ist viel zu einfach zu behaupten, dass wir uns bei der Aufarbeitung auf die Nichtwisser- und Kollektivschuldebene begeben hätten. Es ist ein natürliches Phänomen, dass das ganze Volk aufarbeitet. Wir haben noch immer eine sehr hohe ethische und moralische Grundeinstellung. Egal was die Medien propagieren, wir haben uns der Geschichte gestellt, haben Krieg vermieden und sind gerade deshalb in der Lage, uns den Luxus leisten zu können, uns selbst zu reflektieren, uns im Konsens mit unserer Umwelt zu sehen und eine gewisse selbstbestimmte Lebenshaltung zu entwickeln. Das sollten wir nicht vergessen, uns unsere Möglichkeiten nicht kleinreden lassen. Wir müssen immer die Verantwortung für uns selbst übernehmen und dürfen diese nicht auf andere abschieben. Wenn wir das realisieren, haben wir die besten Möglichkeiten, uns in diesem Sinne zu verwirklichen.

Dient Arbeit vorrangig dem materiellen Lebenserwerb? Sollte es nicht vielmehr mein Ziel sein, meine persönliche Berufung zu finden?

Die persönliche Berufung kann man in allen Bereichen finden, wenn man sich darauf einlässt – ob als Putzfrau, als Mutter oder in der Rolle des Abteilungschefs. Man sollte die Arbeit nicht dafür verantwortlich machen, seine persönliche Berufung nicht gefunden zu haben. Es liegt nur an uns selbst.

Wie finde ich meine Berufung?

Indem ich die Illusion aufgebe, dass sie etwas ganz Besonderes und weit entfernt ist. Ich selbst bin immer etwas Besonderes und Einzigartiges, egal was ich gerade für einen Beruf ausübe. Wenn ich meine Berufung plakativ leben muss, kompensiere ich lediglich mein mangelndes Selbstwertgefühl. Es gibt Könige, Kleingärtner oder Pförtner, die trotz oder wegen ihrer Position ihre Berufung ganz selbstverständlich leben und vermitteln, ohne irgendetwas beweisen zu müssen – weder sich noch anderen. Deren Beispiel sollten wir folgen, das sind die wahrhaft Weisen.

Was mache ich, wenn meine Berufung meine Ausgaben nicht deckt?

Dann schaue, was du dir selbst wert bist. Auch Jesus und Buddha waren sich ihres Wertes durchaus bewusst, und sie wurden und werden zu Recht von den Menschen geschätzt. Sie nahmen an, was ihnen geboten wurde. Es ist eines jeden Recht, so viel Materie zu haben, um das zu tun, was getan werden muss. Es gibt keine guten und keine schlechten Rollen in diesem Bühnenstück. Solange du in deiner Berufung nur dein Licht suchst, aber nicht deine Schatten akzeptierst, wirst du nicht authentisch und daher nur mäßig erfolgreich sein. Du musst lernen, dich zuzumuten, so wie du das von deiner Umgebung auch erwartest.

Muss ich meine Arbeit lieben?

Du solltest deine Arbeit deinen Bedürfnissen anpassen und nicht umgekehrt. Dann wirst du deine Arbeit im besten Falle lieben können. Gib nicht anderen die Schuld, wenn dir deine Arbeit keine Freude bereitet, das liegt in deiner Verantwortung.

Wie kommt es, dass ich meine Arbeit liebe, aber nicht mit meinen Kollegen umgehen kann?

Deine Arbeit ist grundsätzlich ein ganzheitlicher Prozess. Überlege dir, ob du deine Arbeit selbstständig machen willst. Falls das nicht der Fall ist, lass dich ganz auf deine Kollegen ein, versuche, sie so zu nehmen, wie sie sind, denn auch wenn du dich sehr bescheiden gibst, steht dir oft deine eigene Arroganz im Weg – auch das ist häufig eine Ausdrucksform der eigenen Unsicherheit.

Es gibt so viele Arbeiten, die mir Spaß machen. Wie finde ich meine Berufung heraus?

Die Zeiten, in denen eine einzige Arbeit uns glücklich und zufrieden machen sollte, sind lange vorbei. Damals galt: Einmal Schuster, immer Schuster. Der Wille zur persönlichen Weiterentwicklung und die Bereitschaft, Wissen zu erlangen, waren früher oft absolut unerwünscht und konnten einen sogar das Leben kosten. Heutzutage ist eine Mischung aus Bereitschaft, Wissen, Neugier und dem Willen zur persönlichen Weiterentwicklung gefragt. Wenn du dich über deine Arbeit weiterentwickeln willst, dann fühle, in welchem Rahmen du dich am wohlsten fühlst. Wenn es den Rahmen nicht gibt, versuche, ihn selbst oder mithilfe selbstständiger Partner zu entwickeln. Vergiss nicht: Niemand außer dir selbst ist verantwortlich für dein Schicksal und deine Lebensqualität. Du kannst die Verantwortung hierfür nicht abgeben.

Was bedeutet Arbeit für mein Leben?

Arbeit bringt dir die Möglichkeit, dich selbst zu verwirklichen, egal in welchem Rahmen. Arbeit fordert dich heraus, sozial kompetent zu sein bzw. zu werden, über deinen eigenen Tellerrand hinauszuschauen und dich einzuspüren in Bedürfnisse und Verhaltensweisen der Gesellschaft, deines Arbeitgebers und der anderen Menschen in deiner Umgebung. Sie gibt dir die Chance, dich zu identifizieren (über eine Firma), aber auch, dich von Fremdmanipulation und Identifikationsmustern zu befreien und deinen eigenen Weg zu gehen. Ob du das als Pförtner oder als Generaldirektor tust, es ist immer das gleiche Thema.

Muss ich mich mit den Idealen des Arbeitgebers identifizieren?

Du kannst sehenden Auges in einer Rüstungsfirma arbeiten und in den Herzen deiner Kollegen Friedenspolitik betreiben. Du kannst aber auch bei der gleichen Firma arbeiten und dich schämen bzw. versuchen, ständig allen Menschen zu vermitteln, dass du hier ja alles ganz schauerlich findest, die Firma aber ja mit dir nichts zu tun hat. Fakt ist, dass du dich entschlossen hast, hier zu arbeiten – aus welchen Gründen auch immer. Fakt ist, dass du hier oder auch anderswo deine Lebenserfahrung machen kannst. Du alleine trägst die Verantwortung für dich selbst, und wenn du plausibel vermitteln kannst, weshalb du tust, was du tust, und wenn du zu dir selbst stehst, dann wirst du kein Problem mit deiner Eigenverantwortung haben. Im Gegenteil: Du wirst Achtung und Respekt genießen, weil du authentisch bist. Du kannst überall der Gute und der Schlechte sein. Alles untersteht deinem freien Willen.

Mobbing

Wenn ich jemanden umschubse
und es immer wieder tue,
dann verliert er das Gefühl
für die eigene Größe.

Mobbing geschieht nicht nur bei der Arbeit, aber dort am häufigsten. Wie deute ich die Anzeichen? Es gehören mindestens zwei dazu: einer, der es tut, und einer, der es mit sich tun lässt. Welche Verhaltensweise bzw. Einstellung fordert Mobbing heraus?

Wir sind Teil unseres sozialen Systems und des Systems Erde. Wir neigen dazu, unsere ungelösten Konflikte auf andere Menschen zu projizieren, besonders in Zeiten der inneren Selbstfindung und des Stresses. Dann hören wir scheinbar das Gras wachsen. Aber bedenke: Die Information bestimmt der Empfänger. Es kommt also darauf an, welche Tür du für die Wahrnehmung deiner Kollegen öffnest. Also hat Mobbing immer etwas mit dem Verhalten beider Parteien zu tun. Mobbing zeugt davon, dass wir nicht konfliktfähig sind, Angst vor Auseinandersetzung und auch Angst vor dem Verlust oder der Einschränkung unseres Einflussbereichs haben. Schaue dir an, wie viel von deiner eigenen Angst, deiner Unfähigkeit und deiner Aggression du in den Spiegel schickst und wie viel zu dir zurückkehrt.

Wie kann ich mich vor Mobbing schützen?

Indem du deinen Selbstwert aufbaust und in einen gesunden, lebensbejahenden Egoismus gehst. In diesem Zustand nimmst du andere wahr, kannst aber auch sagen, was du willst.

Wie verfahre ich, wenn ich sehe, dass ein Kollege gemobbt wird, sich aber nicht wehrt? Wo ist der Unterschied zwischen wegsehen und sich nicht einmischen in Dinge, die ein anderer als Lernprozess für sich auserkoren hat?

Das Wichtigste ist, dem Kollegen zu sagen: »Ich vertraue dir und in deine Kraft, dass du das selbst regelst. Deine Wahrnehmung ist die deine, meine Wahrnehmung ist die meine.« Man selbst muss ganz klar Stellung dazu beziehen, wie man den Kollegen empfindet. Der gemobbte Kollege hat vielleicht als Einziger den Mut, anders zu sein. Und wer mobbt, hat das gleiche Thema wie der Kollege, den er mobbt. Er integriert seinen Schatten nicht in sich und lässt ihn zur Stärke werden, sondern er spaltet ihn aggressiv ab und unterstellt anderen die eigenen ungeliebten Eigenschaften. Ich erschaffe im Außen immer wieder die Bühne meines persönlichen Dramas und verteile die Rollen an die Personen meines Umfeldes.

Wenn ich meinem Kollegen helfe, selbst aber nie Hilfe in Anspruch genommen habe, dann missbrauche ich in diesem Augenblick meinen Kollegen, um mich auf seine Kosten aufzuwerten. Ich sollte meinen Kollegen immer darin bestärken, sich selbst zu wehren, und ich sollte ihm zutrauen, dass er das auch kann. Ansonsten passiert es leicht, dass ich eine sogenannte Hybris entwickle. Es ist immer zu überlegen, wenn ich für einen anderen spreche, ob ich nicht gerade auf meinem ganz persönlichen Egotrip voranschreite, anstatt dem anderen Gehhilfen zur Verfügung zu stellen.

Familie

Lebe nicht das Leben der anderen mit,
lebe dein eigenes Leben.

Welche Lern-/Entwicklungsaufgaben sollten Menschen in der Regel in Familien bearbeiten, und was kann alternativ auch gut im Freundes- oder Bekanntenkreis stattfinden?

Grundsätzlich kann man sagen, dass Blut dicker ist als Wasser. Ob wir es wollen oder nicht, das stärkste Wurzelwerk existiert in der Familie. Es gibt Untersuchungen, die belegen, dass im Notfall immer eine Gruppierung, am besten ein Familienverband, die meisten Überlebenden garantiert. Einzelkämpfer sind die Verlierer der Evolution, Familien die Gewinner. Auf Familienverbände wird auch in den sogenannten Drittweltländern gesetzt, da es dort ständig ums nackte Überleben geht. Es ist eine Illusion, wenn wir uns als Individuen empfinden. Familien sind Lernverbände, deren Mitglieder am selben Thema arbeiten, die sich automatisch finden, wenn es um karmisch wichtige Aufgaben geht. Es gibt Untersuchungen, die belegen, dass selbst, wenn man seine Familie nicht kennt, in bestimmten Situationen alle Mitglieder dieser Familie dieselben Muster aufweisen, sodass man nur scheinbar als Individuum agiert, in Wirklichkeit aber miteinander verflochten ist.

Gibt es neben biologischen auch Seelenfamilien?

K. K.: Die biologische Familie ist unsere Herkunftsfamilie. Unsere erste karmische Aufgabe besteht darin, uns mit dieser auseinanderzusetzen. Wenn wir uns nicht mit dieser Aufgabe befassen möchten, werden wir ihr im späteren Leben so lange begegnen, bis wir die Lebensaufgabe aufgreifen und uns darauf einlassen. Wir tragen die Probleme, die uns unsere Familie weitergegeben hat – ob wir das wollen oder nicht. Die Menge der aufgebürdeten Aufgaben und deren Schwierigkeitsgrad sind selbst gewählt, denn wir haben beschlossen, gerade in diese Familie geboren zu werden.

Ich bin ein Adoptivkind, welche Familie zählt?

K. K.: Es zählen beide Familien, denn auch der Weg der Adoption ist gewählt. Die ersten Aufgaben stammen von den leiblichen Eltern, die Aufgaben der Adoptiveltern kommen später hinzu.
B. K.: Man darf beide Eltern lieben und von beiden Eltern das Gute nehmen. Man muss sich nicht zwischen den Familien entscheiden, man darf zu beiden Familien dazugehören. Merke: Es ist nicht deine Schuld, dass deine Eltern die Aufgabe, dich großzuziehen, nicht übernehmen können bzw. konnten. Du kannst nichts dafür, aber es ist dein Weg, ein adoptiertes Kind zu sein, und diesen solltest du annehmen. Mensch ist Mensch, ob adoptiert oder nicht. Alle sind gleich.

Ich will ein Kind adoptieren. Welchen Einfluss wird das haben?

K. K.: Ich muss mir im Klaren darüber sein, dass das Adoptivkind eine Aufgabe aus seiner Herkunftsfamilie mitbringt, deren Umfang ich nicht kenne. Diese Aufgabe ist unabhängig von der Adoption zu bearbeiten. Ich darf diese nicht werten. Im Zuge der Integration in die aktuelle Familie wird sich das Kind auch mit dieser Aufgabe auseinandersetzen. Es wird Aufgaben aus der neuen Familie übernehmen. Wenn ich diese Gesetzmäßigkeiten beachte, kann ich mit dem adoptierten Kind über dessen Herkunftsfamilie mitlernen und später die Auswirkungen auf meine Familie positiv erleben.

Was ist, wenn ich mich nie am richtigen Platz fühle?

Dann kann es sein, dass es Heimatverluste bei deinen Vorfahren gegeben hat oder dass du selbst nicht tatsächlich das Kind bist, das du in der Reihenfolge zu sein glaubst. Oft ist es hilfreich, in Erfahrung zu bringen, ob es vor dir oder nach dir eine Fehlgeburt oder einen Fehltritt deiner Eltern gegeben hat. Es genügt dann, dich in der Geschwisterreihe neu zu definieren und eventuell das Gefühl »Ich lebe nur auf Kosten von …« abzugeben, da die Familienplanung deiner Eltern nur x Kinder zugelassen hat. Wenn ich mich also definieren kann als »Ich bin nicht die Nummer zwei, sondern die Nummer vier in der Geschwisterreihe, ich gehe jetzt an meinen Platz«, dann erzeugt das inneren Frieden und das tiefe Gefühl des Verwurzeltseins im eigenen System.

Welche Auswirkungen haben Geisteskrankheiten in der Familie?

K. K.: Hier stellt sich die Frage: Was ist eine Geisteskrankheit wirklich? Denn häufig sind diese Krankheiten nur ein Abweichen von der Norm, die wir als Menschen, nicht als Geistwesen festgelegt haben. Dieser Defekt muss kein Defekt im eigentlichen Sinne sein, und wir sollten uns fragen, welche besonderen Eigenschaften bei diesem Menschen zutage treten und was wir daraus lernen und für uns ableiten können.
B. K.: Diese Menschen sind Symptomträger für das Familiensystem. Sie weisen vehement auf die Unstimmigkeiten in der Familie hin. Viele Menschen drücken dies über eine psychische Krankheit aus.

Die Eltern sind geschieden. Welche Bedeutung hat das für das Kind?

Eine Scheidung der Eltern bedeutet, dass auch im Herzen der Kinder eine Trennung stattfindet, und je nachdem, wie die Eltern danach miteinander umgehen, kann es dazu führen, dass sich das Kind ständig zerrissen fühlt und in einen Loyalitätskonflikt gerät. Es ist wichtig, dass die Eltern Verantwortung für ihre Emotionen übernehmen. Das Kind darf weiterhin von beiden Eltern nehmen und beide Eltern lieben. Grundsätzlich gilt: Mädchen gehören in die Mutterlinie und Jungs, nachdem sie die Fürsorge der Mutter nicht mehr direkt benötigen, das heißt ab Beginn der Pubertät, in die Vaterlinie.

Macht es einen Unterschied, ob das Kind bei seinem Vater oder bei seiner Mutter aufwächst?

Wenn das Kind von Anfang an bei dem Vater ist, wird ihm die mütterliche Energie fehlen. Es sei denn, der Vater hat seine innere Frau ausgeprägt und kann so väterliche und mütterliche Energie geben. Diese Kinder sind kein Partnerersatz, egal auf welcher Ebene. Wenn ein Elternteil einen neuen Partner findet, ist das Vorbild der typischen Mann-Frau-Beziehung wieder gegeben. Allerdings sollten die Kinder diesen neuen Partner nicht als Mama oder Papa bezeichnen. Sie sollten von dem neuen Partner als zuerst da gewesen geachtet werden.

Welchen Einfluss haben die Familien aus früheren Leben?

Je nachdem, was ich an Lernerfahrungen gemacht habe, können frühere Familien für mich völlig irrelevant oder auch sehr wichtig sein. Oft inkarnieren wir auch in derselben Seelenfamilie mit vertauschten Rollen wieder, das heißt, meine damalige Mutter kann heute mein Sohn sein.

So kann es für beide schwierig sein, den jetzigen Platz in der Familie einzunehmen. Wenn man sich an ein früheres Leben erinnert, ist es hilfreich, es auszusprechen und zum Beispiel zu sagen: »In diesem Leben bin ich dein Vater, und du bist mein Sohn.« Das verstehen schon kleine Kinder sehr gut.

Was ist, wenn ich nur meine Seelenfamilie, nicht aber meine biologische Familie will?

K. K.: Nun, die biologische Familie hast du dir ausgesucht, um von ihr und mit ihr zu lernen. Es ist nicht die Frage, ob du sie möchtest, sondern was du von ihr lernen kannst und willst. Auf die Seelenfamilie kannst du in diesem Leben treffen, aber es muss nicht sein. Wenn du deine Familie ablehnst, werden dir deine Lernaufgaben in anderen Menschen wiederbegegnen. Ausweichen können wir unseren selbst ausgesuchten Lektionen nicht.

Wie finde ich meine Seelenfamilie?

K. K.: Immer dann, wenn uns ein Mensch spontan vertraut ist oder er uns sympathisch erscheint, wenn man das Gefühl hat, sich schon Jahre zu kennen, dann sollte man genauer hinsehen. Es ist möglich, dass es sich bei diesem Menschen um einen Seelenverwandten handelt. Es kann aber auch ein Mensch sein, den wir aus anderen Leben gut kennen. Die Grenze ist fließend.

B. K.: Trotzdem sollte man nicht unkritisch an einen anderen Menschen herantreten, denn es kann sein, dass er uns aus einem anderen Leben sehr sympathisch ist, aber in diesem Leben ein ganz anderes Programm hat. Das ist häufig der Grund, wenn wir uns von einem Menschen sehr enttäuscht fühlen.

Ich habe keine eigene Familie. Kann ich trotzdem meine Lern- und Entwicklungsaufgaben bearbeiten?

K. K.: Wenn du keine eigene Familie hast, sind deine Entwicklungsaufgaben in diesem Leben außerhalb der Familie zu finden.

Warum kann ich meine Familie nicht lieben?

K. K.: Liebe ist keine Bedingung, die an die Familie geknüpft ist. Doch sollte man bei vehementer Abwehr schon einmal genauer hinsehen, ob nicht eine starke, vielleicht auch enttäuschte Liebe hinter dieser Abwehr steckt. Möglicherweise handelt es sich um eine Enttäuschung aus sehr früher Zeit, die ein Mitglied der Familie betrifft. Auch hier ist es deine Entscheidung, wie du damit umgehen willst. Du kannst deine Familie trotzdem ablehnen, es ist nicht falsch, sondern einfach dein Weg. Aber du kannst auch deinen Frieden mit deinem verletzten inneren Kind schließen, um die Vorteile, die dir eine liebende Familie bietet, genießen zu können.

B. K.: Sei dir bewusst, dass Hass eine Form der emotionalen Bindung erzeugt, die teilweise stärker bindet als Liebe. Hass ist unerlöste Liebe.
K. K.: Egal wie du dich dann entscheidest, es ist auf jeden Fall deine bewusste Entscheidung, nicht einfach eine Reaktion.
B. K.: Auf einer hohen Ebene sind wir alle in Liebe miteinander verbunden, egal was wir für Erfahrungen miteinander machen.

Meine Familie engt mich mit ihrer Liebe ein. Was soll ich tun?

K. K.: Kein lebendes Wesen außer dir selbst kann dich, deinen Geist und deine Gefühle, einsperren. Körperlich ja, das kann man wohl, aber dein Geist gehört dir alleine. Er schenkt nur dir Gehör. Du alleine hast die Macht, dem Einengen zuzustimmen oder es abzulehnen. Du musst dein Verhalten gegenüber deiner Familie in keiner Weise ändern, wenn du deinen Geist befreist. Tritt einen Schritt zurück, und überlege, was dich diese Liebe lehren soll, wie du diese Liebe liebevoll annehmen und für dich und deine Familie nutzbar machen kannst.

Muss ich Zugehörigkeit erkaufen?

K. K.: Wir alle, ob wir uns dessen bewusst sind oder nicht, gehören zusammen. Jeder von uns ist ein Individuum, dennoch sind wir Teil eines Ganzen. Ein Ameisenhaufen beispielsweise besteht aus vielen Ameisen, die für sich genommen einzelne lebensfähige Individuen sind. Sie erleben ein fantastisches Miteinander, in dem jede einzelne Ameise genau weiß, wann was zu tun ist. Sie können zusammen einen wundervollen Bau errichten, ohne dass die einzelne Ameise den Bauplan kennt. Stirbt jedoch die Königin, so ist bis zur Nachzucht der nächsten Königin der Ameisenverband ein wildes Durcheinander von desorientierten Einzelwesen. Aber auch diese Ameisen, die in sich ein Ganzes ergeben, gehören zu einem größeren Ganzen. Es kann auch für uns keine Nichtzugehörigkeit geben, daher ist es nicht nötig, Zugehörigkeit zu kaufen.

Ich will weg, fühle mich aber abhängig von meiner Familie, meinem Partner oder meinem Arbeitgeber. Wie gehe ich mit diesem Konflikt um?

Abhängigkeit erzeuge ich in mir, wenn ich die Verantwortung für meine Bedürfnisse nicht übernehme, sondern die Befriedigung meiner Wünsche von anderen einfordere. Je nachdem, wie viel ich mir an Wunscherfüllung gönne, wird das System, das mich abhängig macht, das meine Abhängigkeit nutzt, mir das geben oder verweigern, was ich mir wünsche.

Was ist unsere Lernaufgabe, wenn mein Partner »unheilbar« krank ist?

K. K.: Nicht immer ist es unser Lebensplan, das Leben mit einem einzigen Menschen zu verbringen. Trennung im Allgemeinen soll uns das Anhaften an Lebewesen und Sachen vor Augen führen. Die Aufgabe, einen geliebten Menschen in den Tod zu begleiten, »erlöst« gleichermaßen uns wie auch unseren Partner. Einen todkranken Menschen kann man aus sozialen Gesichtspunkten nicht verlassen, es sei denn, es handelt sich um eine selbst gewählte Krankheit wie eine Sucht, bei der der Todkranke die ganze Familie mit ins Verderben reißt. Da ist es für alle oft die letzte Rettung, sich von der verderblichen Energie loszureißen und in die Eigenverantwortung zu gehen. Nicht selten bedeutet das den Beginn einer Gesundung für alle Beteiligten – oft auch im Widerspruch zur Diagnose.

Was ist, wenn in der Familie ein Mensch schwer krank ist?

K. K.: Hier hat sich also eine Gruppe von Menschen entschlossen, einen ihnen nahestehenden Menschen in dessen schwerer Krankheit zu begleiten, seine Erfahrungen zu teilen. Je nachdem, wie die Gruppe und auch jeder Einzelne damit umgeht, sind ganz unterschiedliche Erfahrungen möglich. Von einem fest zusammenhaltenden Familienverband, in dem sich der Einzelne des Wertes der anderen und der Gruppe bewusst ist, über eine vermeintliche

Trennung der Einzelnen bis zu einer Familienfehde ist alles möglich. Grundsätzlich will der Träger dieser Krankheit etwas für sich und das System an die Oberfläche bringen. Eine Krankheit will niemals töten, sie ist ein Verbündeter, ein Partner, der etwas sichtbar macht.

Wie spielen Körper, Geist und Seele zusammen?

K. K.: Die Seele ist unser multidimensionales Bewusstsein und als solches bereits allwissend. Unser Verstand treibt manchmal Schabernack mit uns und drängt sich zwischen die Seele und unseren Körper, dessen Geburtsrecht es ist, gesund zu sein. Krankheiten entstehen, wenn der Geist sich von der Seele und der Emotion entfernt und glaubt, ein Eigenleben, das nicht im Einklang mit dem Ganzen ist, führen zu können. Wir erkranken, wenn sich eine der Komponenten »herauslöst«, wenn wir also nicht mehr im Einklang mit uns selbst sind. Wenn wir hierauf nicht reagieren, wird sich das in dem entsprechenden Bereich manifestieren. Zum Beispiel wird der zuckerkrank, der glaubt, die Süße des Lebens nicht zu erhalten oder nicht erhalten zu dürfen und der sich dann in Ersatzsüchte flüchtet.

Wer hat welche Stellung in der Familie?

K. K.: Die Frage ist nicht abschließend zu beantworten, weil es vollkommen von der betreffenden Familie abhängt, wer welche Stellung hat. Im besten Fall sollte die Mutter die

Nährende und Zusammenhaltende, der Vater der Schützende und Grenzensetzende sein. Bei den Geschwistern ist es grundsätzlich wichtig, dass die Reihenfolge der Geburt geachtet und respektiert wird. Auch wenn der/die Erstgeborene ein Handicap hat.

Gesundheit

Wenn wir die negativen Erfahrungen, die wir mit anderen Menschen gemacht haben, auf Menschen, die diesen zu ähneln scheinen, übertragen, machen wir diese zu Tätern, obwohl sie vielleicht gar keine sind. Versuche, jedem Menschen vorurteilsfrei zu begegnen.

Sind körperliche und seelische Gesundheit immer der Ausdruck einer idealen Lebensweise oder schlicht Ausdruck einer robusten Konstitution?

K. K.: Körperliche und seelische Gesundheit sprechen für eine ideale Lebensweise dieses Menschen mit seinen für dieses Leben gestellten Aufgaben. Es ist nicht jedermanns Weg, über Krankheit Selbsterfahrung zu machen.

In welchen Fällen ist es besser, eine Krankheit klaglos hinzunehmen, und wann ist es angesagt, sich vehement dagegen aufzulehnen (Grundsatzanalyse)?

Grundsätzlich sollte der Kranke individuell und selbst entscheiden – unabhängig von den Wünschen und Bewertungen seines Umfeldes. Ferner ist eine Abfrage des eigenen Verhältnisses zu Leben und Tod sinnvoll, auch das Ziehen einer Bilanz des bisher gelebten Lebens. Ist diesem Leben nichts mehr hinzuzufügen, wird in den meisten Fällen die Erfahrung folgen, sich von der Krankheit umarmen und in den Tod, der ja ebenfalls eine Geburt darstellt, führen zu lassen. Fordert mich die Krankheit heraus, über die Sinnhaftigkeit meines Lebens nachzudenken und meine Muster und Glaubenssätze neu zu überprüfen, mich von Ballast zu trennen und endlich eine Entscheidung für mich selbst und mein Leben zu treffen, dann wird die Auseinandersetzung mit der Krankheit, wenn ich sie mir zum Partner und Freund mache, sehr erfolgreich sein. Viele Menschen kämpfen nur aufgrund von gesellschaftlichen, ethisch-moralischen und familiären Verpflichtungen gegen ihre Krankheit an. Dann wird der Erfolg sich eventuell einstellen, aber diese Menschen empfinden ihr Leben weiterhin als Last, oder sie verabschieden sich einige Zeit später dennoch. Grundsätzlich jedoch gilt: Wenn jemand gehen will, sollte ich ihn nicht aufhalten. Und ich habe seinen Weg zu achten, egal wie ich selbst dazu stehe. Ein Mensch sollte seine Würde bis in den Tod und darüber hinaus wahren dürfen.

Ist meine Krankheit mein Lehrer, und wie gehe ich mit ihr um?

Es ist sinnvoll, die Angst vor der Krankheit aufzulösen. Die Krankheit ist niemals der Chef, ich selbst bin der Meister meines Schicksals. Meine Krankheit hilft mir, mir meiner selbst bewusst zu werden und mich mit meiner Eigenverantwortung auseinanderzusetzen. Die Krankheit verführt dazu, wieder in die Abhängigkeit und die Unselbstständigkeit hineinzugehen, dies ist aber nicht die Lösung. Kein Mensch kann besser als ich selbst wissen, was gut für mich ist – im Innen wie im Außen. Meine Krankheit fordert mich dazu auf, wieder in dieses Bewusstsein zu gehen. Über die Behandlung sollte ich immer selbst entscheiden.

Sieht der Arzt in mich hinein?

Nur derjenige kann in dich hineinsehen, dem du es gestattest. Derjenige, der in dich hineinsehen darf, ist ein Spiegel deiner selbst, der dir dein Inneres reflektiert. Ich selbst habe für Aufträge dieser Art verschiedene Methoden erlernt und entsprechendes »Handwerkszeug« parat. So kann ich aus deinen Formulierungen, deiner Körperhaltung, deiner Gestik und Mimik, deiner Aura, deinen Bildern und auch den medialen Botschaften, die du mir über dein hohes Selbst sendest, die Information, die du brauchst und jetzt abrufen möchtest, zu dir selbst zurückführen. Die beste Grundvoraussetzung hierfür ist, auf beiden Seiten frei von Wertung zu sein.

Was bedeuten Geisteskrankheiten?

Als Geisteskrankheiten werden bei uns die Verhaltensweisen bezeichnet, die in der Gesellschaft nicht akzeptiert werden, weil sie von der Norm abweichen. Weil diese Norm von uns selbst entwickelt wurde und in unserer Welt mehr auf die rationalen Fähigkeiten geachtet wird, kann man mit Sicherheit nur sagen, dass geisteskranke Menschen außergewöhnlich sind. Sie leben mehr in einer eigenen Welt als in der gemeinsamen Welt. Ein geisteskranker Mensch kann, wenn seine Außergewöhnlichkeit positiv gewertet wird, seiner Umgebung ermöglichen, durch seine Augen zu sehen und viele für uns selbstverständliche Handlungsweisen auf den Prüfstand zu stellen. Die Geisteskrankheit kann für den Menschen, der sie trägt, und für die Umwelt nur dann gefährlich werden, wenn Gefühl und Verstand nicht miteinander kommunizieren.

Wieso gibt es keinen Unterschied zwischen einer Erkältung und einer Krebserkrankung?

Jede Krankheit ist ganz spezifisch, hat ihre ganz eigene Aussage, jedoch lassen sie sich alle unter dem Oberbegriff »Krankheit« zusammenfassen. Die jeweiligen Symptome sind jedoch in jedem Fall die körperliche Manifestation eines mentalen oder emotionalen Zustandes des Betreffenden.

Wie geht man mit lebensgefährlichen Krankheiten in Bezug auf sich selbst um?

Stelle dich zunächst der Angst und deinen schlimmsten Vermutungen, deinen Befürchtungen und deinen Hoffnungen, dann sortiere dich, dein Leben und deine Ziele. Wähle dir dann unter deinen Behandlern in allen Sparten diejenigen aus, die dir dein Kopf und dein Bauch empfehlen, egal was andere sagen.
Es ist für unser ganzes Leben sinnvoll, im Hier und Jetzt zu sein und jeden Tag als den einzigen, der einem zur Verfügung steht, zu leben.

Muss man immer gegen Krankheiten kämpfen?

Jede Krankheit ist dein Freund. Sie will dich nicht umbringen, sondern dir einen Hinweis geben. Es geht darum, diesen Hinweis zu verstehen und wieder mit Körper, Seele und Geist in Harmonie zu gelangen. Manche Krankheiten fordern mich heraus, gewisse Stärken zu entwickeln und mich für mich selbst einzusetzen. Oft soll ich lernen, mir selbst und meinem Weg zu vertrauen oder vertrauensvoll Betreuung anzunehmen.

Wie gehe ich mit lebensgefährlichen Krankheiten in der Familie oder bei Freunden um?

Das Wichtigste ist, dass ich der Person, ihrer Kompetenz und ihrer Kraft vertraue, richtig mit ihrer Krankheit umzugehen. Es schwächt die Person, Verantwortung für sie zu übernehmen. Jedoch ist es sinnvoll, auf den Wunsch nach Beistand und Hilfe einzugehen, aber im Sinne des Kranken. Niemals sollte ich mich selbst und meine Sicht der Dinge über den Willen des Kranken stellen, nur weil dieser mir schwach erscheint. Das wäre Missbrauch der Person und der Situation.

Muss ich den Kranken zum Kämpfen animieren?

Stelle klar, dass du ein Begleiter und ein Beistand bist, soweit das deine Kräfte erlauben. Mache das Schicksal des

Kranken nicht zu deinem eigenen, denn auch das wäre Missbrauch. Braucht der Kranke einen Begleiter in der Sache, in der er selbst entschieden hat: Stehe ihm bei, so gut du kannst und willst. Lass den Kranken bestimmen, welche Hilfe er benötigt, und prüfe genau, ob du dich von deinen Möglichkeiten her ethisch, moralisch und emotional in der Lage befindest, diese Hilfe zu leisten. Wenn ja, knüpfe deine Hilfe an keine Bedingungen und Erwartungen. Du bist nicht wichtiger, weil du jemand anderem hilfst. Bedenke auch, dass du nicht der einzige Mensch bist, der dieser Person helfen kann, und hilf, wenn nötig, dem Kranken, andere Menschen zu suchen, die dies übernehmen können.

Was tue ich, wenn ich immer kränker werde?

Dann hast du die Botschaft der Krankheit noch nicht entschlüsselt und dir noch nicht die richtigen Partner gesucht, mit denen du daran arbeiten kannst. Vielleicht sollst du dich auch mit dem Ende deines irdischen Daseins befassen und über die Schwelle hinausgehen. Nichts arbeitet gegen dich, alles arbeitet in deinem Sinne für dich. Je mehr du dich bedroht fühlst und in Angst befindest, desto weniger bist du mit Selbstvertrauen und Klarheit verbunden. Horche auf die Signale. Die erste Information, die zu deiner Frage kommt, ist immer richtig. Auch wenn du zum Beispiel denkst: Hoffentlich bekomme ich nicht die Diagnose »Krebs im Endstadium«, und die erste Information ist ein Werbeplakat über den Film »Der Tod steht ihr gut«, das dich herausfordert zu sagen: »Ich will nicht sterben.«

Dies ist genau die Information, die du jetzt brauchst, um dich für dein irdisches Überleben einzusetzen, sie bedeutet nicht, dass du jetzt unweigerlich sterben musst.

Wieso entstehen immer mehr Krankheiten und Allergien?

Es kann sein, dass du ein »Sammelbecken« für die Energien anderer bist. Deine erste Krankheit hat dich geschwächt und deine Grenzen noch durchlässiger gemacht. Das ist, als würde jemand seinen Müll in einen unbesetzten Garten kippen, was dann wie eine Aufforderung an alle anderen wirkt, ihren Müll ebenfalls dort hineinzukippen. So lange, bis der Besitzer den Zaun repariert, ein Warnschild aufstellt und seinen Garten selbst bewohnt und benutzt. Grundsätzlich gilt: Wenn du deine Schwingung verringerst, zieht dies niedrige Schwingung an. Eine Krankheit bedeutet immer, dass du unter deinen Möglichkeiten bleibst. Schaue, wovon du dich selbst abhältst, welche Bereiche du nicht lebst und welchen Lebensaufgaben du dich über die Krankheit entziehst. Frage dich auch, was du durch die Krankheit gewinnst. Was möchtest du über deine Krankheit von den anderen erhalten, und was willst du vermeiden? Erst wenn die Krankheit keinen Gewinn mehr für dich bietet, wirst du sie loslassen können.

Kann die westliche Medizin etwas bewirken?

Wir leben in den sogenannten modernen Industriestaaten. Wir haben aber auch die meisten Krankheiten, die es gibt. Dies stellt unsere Art zu leben, unsere Medizin, die Abhängigkeit unseres medizinischen Systems von der Pharmaindustrie infrage. Der Pharmaindustrie ist es gelungen, den Ärzten das Vertrauen in ihre eigenen Ressourcen zu nehmen. Sie hat ihnen die Möglichkeit genommen, selbst die nötige Forschung zu betreiben und die benötigte Arznei zu entwickeln. Das bringt vordergründig Heilerfolge, birgt jedoch im Hintergrund ständig neue Krankheiten, weil nur die Symptome, nicht aber die Ursachen behandelt werden. Es gilt, sich nun aus diesem Klammergriff zu befreien und Verantwortung für die eigene Krankheit, aber auch für die eigene Gesundung zu übernehmen.
Der Mensch sollte immer als Individuum und die Krankheit in ihrem ganzheitlichen Aspekt gesehen werden. Alternative Heilmethoden müssen nicht unbedingt besser sein als die Methoden der Schulmedizin. Darum sollten wir immer überprüfen, welche Kombination verschiedener Heilmethoden uns am meisten behagt, dann aber auch Verantwortung für unsere Entscheidung übernehmen.

Was bewirken Geistheiler?

Geistheiler arbeiten auf der feinstofflichen Ebene. Sie können Krankheiten bereits vor dem Ausbruch erspüren und deren Wesen für den Klienten ergründen. Indem der Geistheiler hilft, Lebensmuster, die wir in uns tragen, zu bearbeiten, unsere Grenzen und unsere Erkenntnisfähigkeit stärkt und uns wieder an unsere positive Energien anbindet, hebt er unsere Schwingung an und macht uns somit resistenter gegen das Auftreten neuerlicher Erkrankungen. Aber auch hier sollte ich gut wählen: Auch wenn ich dem Heiler vertraue, sollte ich dennoch in meiner Eigenverantwortung bleiben und mir selbst erlauben, in jedem Fall, egal ob traditionell oder alternativ behandelt, zu jeder Zeit aus der Behandlung aussteigen zu können.

Inwieweit hilft die richtige Ernährung, um gesund zu werden bzw. zu bleiben?

Unser Körper ist stofflich, und er regelt die Zufuhr an Nährstoffen, um sich bestmöglich zu versorgen. Wir sollten es jedoch nicht übertreiben, wenn es um irgendwelche Ernährungslehren geht, denn dann handeln wir gegen unseren Körper und nicht für ihn. Wenn wir aufmerksam in uns hineinhorchen, hören wir die Stimme unseres Körpers, die uns sagt, wann wir welche Nährstoffe in welcher Form benötigen. Tipp: Die erste Information zählt immer.

Wie ernährt man sich richtig?

Das ist von Typ zu Typ unterschiedlich. Es sagt dir auch keiner, welches das richtige Gefährt für dich ist, ob es die Rollschuhe sind, ein Fahrrad, ein Auto, ein Zug, ein Flugzeug oder ein Schiff ist, oder ob es dir besser geht, wenn du zu Fuß unterwegs bist. Das wirst du herausfinden, wenn du es ausprobierst, und es darf sich von Zeit zu Zeit auch ändern. So ist es auch mit der Ernährung. Sammle Informationen, höre dir an, was andere zu berichten haben, und entscheide dann selbst, welche Ernährung die richtige für dich ist. Es ist immer diejenige, mit der du dich körperlich, emotional, geistig und seelisch in der besten Form befindest, egal ob nun alle um dich herum Vegetarier sind und du gerne ein Salamibrot isst. Es hat nichts mit deinem Recht auf Zugehörigkeit oder deiner Wertigkeit zu tun. Achte und ehre dich und deinen Körper. Arbeite für und nicht gegen dich.

Sind alle Lebensmittel für alle gleich gut, oder wirken die Lebensmittel bei jedem anders?

Was für den einen ein Freund ist, ist für den anderen ein Feind. So wie es mit den Individuen ist, ist es auch mit den Nahrungsmitteln. Grundsätzlich gilt, dass die frischen, gereiften, schonend und liebevoll verarbeiteten und gesegneten Nahrungsmittel die besten sind.

Macht

Wo Anerkennung fehlt, kommt Macht ins Spiel. Durch das Ausüben von Macht versuchen wir, Anerkennung zu erzwingen, und erzeugen das Gegenteil.

Warum sind Menschen von Macht so fasziniert?

K. K.: Viele Menschen glauben, das Gegenteil der Angst sei die Macht. Hinsichtlich der Macht über den eigenen Körper und über das eigentliche Schicksal stimmt das auch. Wir sind sehr machtvoll. Solange wir im Einklang mit uns und unserer Umgebung handeln, ist es unser Recht, unsere Macht einzusetzen. Kommen wir zur Macht über andere. Zum einen kann ich zwar auf der körperlichen Ebene Macht über andere ausüben, nicht aber auf der geistigen, seelischen Ebene. Das heißt, wenn ich auf dieser Ebene einen Menschen unterdrücken möchte, muss dieser mir erst sein Einverständnis dafür geben. Natürlich wird er das nicht auf der rationalen Ebene tun, aber indem er sich machtlos fühlt, hat er die Macht an mich abgegeben. Als Machtausübender habe ich jetzt die Möglichkeit erlangt, einen anderen Menschen zu kontrollieren und zu steuern. Das Kontrollieren und Steuern gibt mir das falsche Gefühl von Sicherheit. Bin ich ein ängstlicher Mensch, der das kindliche Urvertrauen in die Welt verloren hat, so ist das die vermeintliche Sicherheit, die ich benötige, um mich in dieser Welt nicht zu verlieren.

Ist bewusster Machtverzicht die höchste Form von Macht über mich selbst?

K. K.: Wir haben immer Macht über uns und unser Schicksal. Es ist nicht möglich, diese abzugeben. Wir können sie

nur ignorieren und leugnen. Dennoch sind wir selbst diejenigen, die unseren Lebensweg bestimmen.
B. K.: Nicht-Bewusstsein ist Ohnmacht.

Muss Macht zwangsläufig zum Machtmissbrauch führen (Ideal des guten Patriarchen)?

K. K.: Wenn viele Menschen vertrauensvoll Macht auf einen im heutigen Sinne moralisch und ethisch tauglichen Menschen zum Wohle aller übertragen, ist sicherlich nichts dagegen einzuwenden. Jesus war auch eine Führungspersönlichkeit. Er hat seine Jünger nach bestem Wissen und Gewissen zur Erleuchtung geführt.

Was bedeutet eine Vergewaltigung?

Bei einer Vergewaltigung geht es um Macht und Ohnmacht. In Systemen, in denen Sexualität als Machtmittel eingesetzt und der Umgang der Menschen mit natürlicher Sexualität reglementiert wird, entsteht immer sexueller Missbrauch. Auf diese niedere Ebene wird Sexualität nur herabgestuft, wenn beim sexuellen Akt das heilige Element im Partner nicht gesehen wird.

Abgrenzung

Wenn du deine Grenzen nicht kennst, und sie daher nicht schützen kannst, brauchst du dich nicht zu wundern, wenn sich ungebetene Gäste in deinem Haus einnisten. Jeder Mensch hat das Recht auf ein eigenes Territorium, eine Insel der Sicherheit.

Wo und wann ist Abgrenzung nötig?

Abgrenzung ist da nötig, wo ich ansonsten meine Individualität aufs Spiel setzen würde, das Gefühl, dass ich eine geschlossene Einheit bin, so wie jede Zelle des Körpers weiß, dass sie eine Zelle ist und trotzdem zum Gesamtorganismus Körper gehört. Wenn der Gedanke »Wir sind alle eine Einheit« größer wird als der Gedanke »Ich bin ich«, dann verliere ich mein Bewusstsein und das Wissen um meine eigene Identität. In dem Fall ist Abgrenzung sinnvoll. Wenn ich weiß, wer ich bin, kann ich mit einem Du eine Zeit lang in Symbiose gehen und mich wieder daraus lösen, wenn mich mein Lebensplan dazu aufruft.

Wie definiere ich den Unterschied zwischen Abgrenzung und Ablehnung/Zurückweisung?

Ablehnung/Zurückweisung geschieht aus dem Gefühl heraus, dass meine Grenze bereits verletzt worden ist. Das heißt, ich habe meiner Wahrnehmung nicht rechtzeitig getraut und mir selbst nicht erlaubt, mich eindeutig zu äußern.

Wie lerne ich loszulassen, und warum muss ich es lernen?

Immer dann, wenn ein Muster nicht mehr hilfreich für mich ist, sondern es beginnt, mich einzuengen und zu schädigen, ist es wichtig, dieses zu überprüfen, es gegebenenfalls zu verabschieden und durch ein »zeitgemäßeres« Muster zu ersetzen. Sich aus Angst und Gewohnheit an alte Muster zu klammern, bewirkt, dass diese Muster mit immer mehr Energie versorgt werden und so viele negative Ereignisse anziehen, bis ich die Muster notgedrungen loslassen muss.

Schnarchen – Ruf und Abgrenzung?

In der Psychosomatik geht man davon aus, dass Schnarchen für ein starkes Festhalten an alten Strukturen, für die Weigerung, einen Neubeginn zuzulassen, steht. In der Praxis erlebe ich oft, dass Schnarchen bedeutet, eine unbewusste Aggression abzubauen und unbewusst das Territorium abzugrenzen. Es kann auch ein Ruf nach Zuwendung sein, der nicht gehört wird, so wie ein Schrei unseres inneren Kindes nach Zuwendung und Geborgenheit. Vielen Menschen, die schnarchen, fällt es schwer, im Schlaf loszulassen und in die innere Sicherheit und Geborgenheit zu gehen. Hier ist es immer sinnvoll, in die frühe Kindheit zu blicken, um die Ursachen zu finden.

Körper und Psyche

Deine Psyche ist dein Partner, der dich für die Möglichkeiten deines Lebens öffnet.

Können Gefühle den Körper krank machen?

Ihr alle kennt Sprüche wie »Mir sitzt die Wut im Bauch«, »Dem sitzt was im Nacken«, »ein dickes Fell haben«, »gut gepanzert sein«.

Wenn wir Übergewicht haben, sollten wir schauen, an welchen Teilen des Körpers dieses sitzt. Ich behaupte und habe das in meiner jahrzehntelangen Klinik- und Praxiserfahrung immer wieder bestätigt bekommen, dass jede Krankheit, jedes körperliche Symptom, auch ein Knochenbruch, eine emotionale, seelische Ursache hat. Lösen wir die Ursache auf, bringen wir die Energien wieder in einen harmonischen Fluss, dann hört der Mensch mit Selbstbeschädigung in Form von Krankheit auf. Krankheit ist Selbstbeschädigung des eigenen Seins. Meistens hat Übergewicht etwas mit Gefühlen, die wir nicht zu leben oder zu zeigen wagen, die noch in uns schlummern, aber bereits äußerlich sichtbar werden, zu tun. Kein Mensch, der Übergewicht hat, ist wirklich glücklich und zufrieden. Übergewicht geht auf Kosten der Selbstachtung und der Körperwahrnehmung. Wenn wir übergewichtig sind, bleibt uns vieles verwehrt, uns ist es nicht möglich, richtig zu leben. Gesundheitlich birgt Übergewicht hohe Risiken. Von der Umgebung gibt es Ablehnung, Mitleid oder Frotzeleien.

Ich habe oft beobachtet, dass Menschen mit Übergewicht auch nicht mehr Nahrung zu sich nehmen als Normalgewichtige, im Gegensatz zu diesen haben sie aber einen trägen Stoffwechsel, sodass große Fettdepots entstehen. Diäten bringen hier nichts, sie lösen nicht das grundsätzliche

Problem. Also heißt es: Hinschauen, wo bunkere ich Gefühle, die nach außen wollen. Dann kommt die Figur von selbst wieder in Schuss. Wenn ich tatsächlich zu viel esse, fühle ich mich von meiner Umgebung nicht ausreichend genährt. Vielleicht bin ich ein Geber und habe Probleme zu nehmen. Oft stecken in den Fettdepots Wut, Frust und Enttäuschung, die man mit einer verbissenen Diät wieder gegen sich selbst richtet. »Man gönnt sich ja sonst nichts» heißt in Bezug auf Essen »Mir gönnt keiner was«. Manchmal bedeutet Übergewicht auch, dass man mächtig und unübersehbar sein will. Hierbei ist wichtig, zur eigenen Verletzlichkeit zu stehen, es als Stärke zu erkennen, seine Gefühle zu zeigen und zu leben, und dass man hierfür Anerkennung und Respekt bekommt.
Am Sitz der überflüssigen Pfunde kann man erkennen, um welches Problem es sich handelt:

- Bauch – Bauchhirn, Sitz der Lebensfreude und der tiefen Emotionen
- Oberschenkel – hartnäckiger Groll auf die Eltern
- Hüften – Die Lebensrichtung sollte gewechselt werden. Ich blockiere mich selbst bzw. werde festgehalten.
- Po – Ihr könnt mich mal!
- Busen – Ich will nähren, aber keiner will von mir genährt werden. Ich habe so viel zu geben. Das, was ich nicht geben darf, wird gehamstert, gestaut (Depotwirkung). Ich muss mich immer selbst nähren, keiner tut es für mich.
- Arme – Schaut her, ich muss im Geben und Nehmen und im Handeln stärker sein als ich bin.

- Doppelkinn – Ich will mehr gewürdigt werden und von außen Respekt und Achtung erfahren.
- Nacken – Ich trage eine schwere Last, von der ich mich nicht befreien kann.
- Untergewicht – Ich zeige euch allen, dass ihr mich nicht nährt.

Sucht

Wer süchtig ist, ist auf der Suche nach seinem wahren Ich und geht dabei verloren.

Was ist Sucht?

Sucht ist ein stetiges Verlangen nach Substanzen, Dingen oder Verhaltensweisen, die immer mehr dein Leben bestimmen oder es einschränken. Wenn noch die Verheimlichung oder die Verarmung hinzukommt, bist du ganz unten und musst dich neu orientieren. Sucht bedeutet meistens die Unmöglichkeit, sich emotional von einem Elternteil zu nähren, weil der andere Elternteil dies bewusst oder unbewusst verbietet. Ein Beispiel: Dein Vater ist zwar nach außen hin dominant, aber eigentlich schwach, deine Mutter missachtet ihn öffentlich, oder sie verachtet ihn insgeheim und verhält sich nach außen wie eine perfekte Partnerin. Unbewusst oder auch wörtlich bekommst du von deiner Mutter mitgeteilt: »Von deinem Vater kommt keine gute Nahrung, deshalb nähre dich nur von mir.« Ein Kind braucht aber die Nahrung von beiden Elternteilen, und es muss die Erlaubnis haben, beide zu lieben und zu achten, wie sie sind, und sich nicht zwischen beiden entscheiden zu müssen. Wenn ich alles von der Mutter nehmen muss, »vergifte« ich mir den Teil (in Form von selbstschädigenden Handlungen), den ich vom Vater nicht nehmen darf, denn er ist von der Mutterseite her emotional mit Missachtung vergiftet. Ich erniedrige mich selbst mit meinem Suchtverhalten, so wie die Mutter in ihrem Denken oder ihren Taten den Vater erniedrigt. So bringe ich das Problem der Beziehung meiner Eltern als Symptomträger ans Licht – in dem verzweifelten Versuch, für meine Eltern diese Spannung auszuhalten, damit sie sich wieder sehen und anerkennen lernen und auch ich voll und ganz als ihr Kind sagen kann: »In euren Augen darf ich mich selbst (an-)erkennen und lieben.«

Liebe

Liebe ist das Einzige, was sich vervielfacht,
wenn man es teilt.

Ist Liebe der Motor unseres Universums?

Das, was wir als Liebe bezeichnen, ist eine bestimmte Form der Energie, die wir empfangen, aber auch selbst erzeugen können, wenn wir unsere Schwingung erhöhen. Energetisch spüren wir die Liebe an dem berühmten Kribbeln im Bauch, das Herz wird weit und frei, der Geist öffnet sich, die Gefühle kommen in Fluss, und es entsteht der Drang, dieses Gefühl der Glückseligkeit teilen zu wollen. Wir können Liebe empfangen, indem wir uns spirituell betätigen und somit auch unsere Schwingungen erhöhen. Wir können sie aber auch empfangen, wenn wir uns in einer anderen Person spiegeln und die Botschaft dieses Spiegels annehmen können, die da lautet, dass wir würdig und es wert sind, diese Energie zu erhalten. Liebe beginnt mit Selbstliebe. Liebe setzt in uns unser göttliches Potenzial frei, wir bekommen eine Ahnung davon, dass wir selbst ein Teil dieser göttlichen Energie sind. Liebe ist die größte Heilkraft, die wir kennen, und eine reine Energieform des Universums. Wir können sie mit jedem und allem teilen. Sie kann nur dann existieren, wenn sie ohne Bedingung und ohne Preis gegeben und genommen wird. Fallen wir in niedere Schwingungen zurück, koppeln wir auch wieder die niederen menschlichen Gefühle wie Eifersucht, Narzissmus oder Neid an die Schwingung der Liebe an und ersetzen sie schließlich durch diese. Mit Liebe hat das dann nichts mehr zu tun. Es ist wichtig, dass jeder in sich und in jedem Teil der Schöpfung den göttlichen Aspekt wahrnimmt. Dann kann ich auch, wenn ich mit offenem Herzen einen von der Sonne beschienenen Tautropfen im Gras sehe, einen Schwall der Liebe empfangen, und das, was überfließt, will geteilt werden.

Ist ein Leben ohne Liebe vorstellbar?

Nein.

Gibt es verschiedene Arten von Liebe (zu Freunden, Verwandten, Partnern etc.), und haben diese verschiedene Wertigkeiten?

Liebe kann in vielen Formen empfangen und gegeben werden und viele Gesichter haben. Die Schwingung ist die gleiche, sie wird nur passend zur jeweiligen Beziehung geformt. Wenn jemand meine ganze Liebe nur für sich haben möchte und eifersüchtig ist, wenn ich Liebe an andere gebe, dann hat er das Wesen der Liebe nicht erkannt. Liebe wächst, indem wir sie teilen. Es ist also eine Sache der Übung. Ich kann gleichzeitig alles und jeden lieben – ganz entsprechend der Art der jeweiligen Beziehung. Die Liebe zu meiner Großmutter ist anders als die zu meinem Partner, meinem Kind oder meinem Hund, es handelt sich jedoch immer um eine Variation der gleichen Liebe, die man nicht als mehr oder weniger wertvoll betrachten sollte. Das Schöne ist doch, dass ich als Partner wie ein Partner geliebt werde und als Kind wie ein Kind. Es gibt manchmal Verwechslungen, und ich projiziere auf das, was ich liebe, ein inneres Bild, das mit der Sehnsucht, lieben zu dürfen, verknüpft ist. Es besteht die Gefahr einer illusionären Verkennung, wenn ich meine Liebe auf jemanden richte, von dem ich mir erträume, dass er sie erwidert. Das Erwachen ist hierbei dementsprechend schmerzhaft.

Gibt es eine selbstlose Liebe zwischen den Menschen, oder ist die Liebe nur in der Fantasie bzw. Gott gegenüber selbstlos?

Immer wenn Liebe ohne Bedingung und ohne Preis gelebt wird, ist sie nahezu selbstlos. Wenn ich liebe, ohne einen für mich erkennbaren Vorteil daraus zu haben, erfahre ich das Geschenk, auch mich selbst dafür lieben zu dürfen. Genauso wichtig ist es, Liebe zu nehmen.
In unserer Gesellschaft wird uns vorgegaukelt, dass die Welt schlecht sei, dass wir schlecht, wertlos und abhängig seien. So stellt es für uns eine der größten Aufgaben dar, diese Vorstellung zu überwinden und zu einer gesunden Selbstliebe zurückzufinden.

Beziehung

Jedes Ding und jedes Wesen
gehört nur sich selbst.

Welchen Ursprung hat die Mann-Frau-Beziehung?

Durch unser Erdendasein sind wir erst einmal der Dualität ausgeliefert. Die Dreieinigkeit, das heißt, das, was die Dualität überbrückt und eine Beziehung erst möglich macht, können wir nur über die eigene mentale, emotionale und spirituelle Entwicklung erleben. Mann und Frau treten erst einmal wie Gegner an, sie fixieren sich gegenseitig, wägen Kräfte und Möglichkeiten ab. Im Idealfall füllen sie dann den Raum zwischen sich mit Wohlwollen, was ein Fundament schafft, auf dem man sich begegnen kann. Die Grunderfahrung dafür nehmen wir erst einmal aus unserer Herkunftsfamilie und übertragen sie auch auf die eigene Partnerschaft und den Partner. Erst spätere Erfahrungen mit uns selbst und das Erkennen der Individualität des Partners ermöglichen uns, frei zu werden und das wirkliche Wesen der Partnerschaft zu erkennen. Auch eine partnerschaftliche Verbindung untersteht dem freien Willen, und jeder geht so weit, wie er es wagt und möchte. Weder kann dich dein Partner noch kannst du deinen Partner zur Entwicklung zwingen. Wenn du an deinem Partner arbeiten möchtest, weil dir irgendetwas missfällt, dann schaue in einen Spiegel, und kläre, was dir an deiner eigenen Einstellung und an deinem eigenen Verhalten unecht vorkommt. Zentriere dich wieder in deine eigene Mitte, und versuche, deinen Partner so zu sehen, als ob du ihn jetzt erst kennenlernen würdest. So gebt ihr euch immer wieder eine reelle Chance, miteinander weiterzuwachsen. Es geht nicht um Schuld, es geht nur um Erfahrung. Schuldzuweisungen zerstören jede Partnerschaft über kurz oder lang.

Was passiert mit Beziehungen und Familien im Krieg und in der Nachkriegszeit?

Im günstigsten Fall lebt die Frau im »Frauenland« und der Mann im »Männerland«, will heißen, jeder geht mit Fähigkeiten und Fertigkeiten in die geschlechtseigene Energie und kommt dort in seine volle Kraft. Der Krieg ist eine unerlöste männliche Reaktion auf vermeintliche territoriale Verletzung – auf welcher Ebene auch immer. Der Mann opfert sein Leben, um dieses Territorium zu schützen. Dies ist eine urmännliche, instinktive Eigenschaft. In unseren europäischen Breitengraden haben wir durch den Ersten und Zweiten Weltkrieg erlebt, wie das Leben der Männer durch dieses Verhalten massenhaft ausgelöscht wurde. Für die schwer traumatisierten Männer, die die Gräuel des Krieges überlebt hatten, entwickelten die Frauen mütterlich-sorgende Qualitäten, die Männer wurden so quasi zu Kindern ihrer Frauen. Die Frauen mussten im Heimatland die Stellung halten und das tägliche Leben ohne den geringsten Schutz durch die männliche Energie regeln. Frauen haben dadurch ihre männlichen Seiten stark entwickelt, hatten auf einmal »die Hosen an« und übernahmen die Rollen von Mann und Frau zugleich. Dies setzte eine gesellschaftliche Emanzipation in Gang, die den Frauen mehr gesellschaftliche Rechte und Freiheiten einbrachte. Dadurch gerieten sie in große Konkurrenz zu den heimkehrenden Männern. Diese hatten im Kampf ihre weibliche, emotionale Seite nicht leben dürfen, sonst wären sie daran zugrunde gegangen. Die männliche Energie braucht die weibliche Energie, um mitfühlend sein zu können. Ist diese weibliche Energie nicht vorhanden, verroht und verselbstständigt sich die männliche Energie mehr und mehr, empfindsame Wesen werden zunehmend als Dinge betrachtet, die logistisch verwaltet werden müssen. Auch die Frauen verrohten durch zu viel männliche Energie, und zum Teil ist es so bis heute, wo wir uns von der Basis bis zu der Chefetagen in Konkurrenz (Konkurrenz aktiviert männliche Energie) gegenüberstehen. Männer haben nicht den Mut, die Frauen darum zu bitten, ihnen den emotionalen Zugang zu verschaffen, und Frauen haben nicht den Mut, die Männer darum zu bitten, ihnen Schutz und Sicherheit zu geben.

Der Wohnungsbau in der Nachkriegszeit brachte weitere Veränderungen für Beziehungen und Familien. Vor den Kriegen waren Wohnungen und Häuser auf Großfamilien ausgerichtet. Es gab die Möglichkeit, sich als Paar auch einmal zurückzuziehen und die Kinder der Obhut der anderen Familienmitglieder zu überlassen. Mangels Großfamilien unter einem Dach ist dies heute kaum mehr möglich. Es herrscht der ständige Konflikt, die Kinder auf Kosten der Partnerschaft und die Partnerschaft auf Kosten der Kinder zu leben. Das Resultat ist: Die Versingelung der Gesellschaft schreitet voran, die Zahl der Scheidungen steigt drastisch, Kinder werden in Partnerschaften oft nicht mehr wirklich gewünscht. Zu einer Mann-Frau-Liebe gehört aber immer eine Dynamik, die eine Dreieinigkeit erzeugt, das heißt, wenn keine leiblichen Kinder vorhanden sind, sollte man ein gemeinsames Projekt, ein gemeinsames Ziel haben, das man hütet und nährt und zu dem jeder seinen Teil beiträgt. Ist dies nicht gegeben, erübrigt sich eine Partnerschaft. Ohne eine gemeinsame Ausrichtung hat eine Partnerschaft keinen Sinn. Wir müssen also einen Punkt finden, an dem wir uns sinnvoll ergänzen.

Welchen Wert hat die Familie heute?

Aufgrund der kriegsbedingten Erfahrungen sind Familie und Beziehung auseinandergefallen und müssen sich langsam wieder formieren. Männer und Frauen leben ihr Leben weitgehend getrennt und eigenständig, und es ist ein Abenteuer, sich aufeinander einzulassen und gegenseitig zu erfahren. Neugier darauf und Angst davor halten sich die Waage. Es ist eine Illusion zu denken, dass man ohne Partner eine tatsächliche Weiterentwicklung bewirken kann. Es ist auch eine Illusion anzunehmen, ohne ein verbindliches soziales Netz menschliche Erfahrungen sammeln zu können. Die Zunahme an Verrohung und Perversion entspricht der Tatsache, dass wir nicht mehr verbindlich in Partnerschaft und sozialem Kontext, sprich in (Groß-) Familie leben. Die Selbstreflexion ist heute nicht mehr zwangsläufig durch die uns verbindlich umgebenden Menschen gegeben, sondern wir wählen selbst, wann und wo wir sie in Anspruch nehmen.
Wir sind heute aufgerufen, ohne äußeren Zwang und selbstverantwortlich in eine Partnerschaft zu gehen, un-

sere »zweite Hälfte« in der Beziehung zu erfahren. Meiner Ansicht nach bringt es enorm viel, wenn Konflikte entstehen, nicht zu früh die Beziehung aufzugeben, sondern im Dialog zu bleiben und auch – falls notwendig – die Hilfe eines Mediators, eines Therapeuten, eines Tantra-Seminares in Anspruch zu nehmen. Wir haben heute niemanden mehr, bei dem wir uns täglich Beziehungsmuster abschauen können. So ist es durchaus sinnvoll, dies in einer Gruppe zu erfahren.

Ersetzt der Fernseher die Familie?

Die heutigen Seifenopern ersetzen virtuell das Familienleben und weisen den vermeintlichen Vorteil auf, dass man als Zuschauer kritisieren kann, ohne selbst kritisiert zu werden. Es ist hierbei möglich, gefahrlos andere Lebensentwürfe (Rollen) mitzuerleben und sich jederzeit aus dem Drama zu entfernen. Verhaltensalternativen können beobachtet und übernommen werden, aber es besteht die große Gefahr, sich in einer sozialen Traumwelt zu verlieren, sich tatsächlich zu isolieren und zu vereinsamen.

Gehören Kinder zu einer gesunden Beziehung?

Es gibt eine Beziehungsdynamik (eine dynamische Ausrichtung, ein gemeinsames Ziel, auf dem Weg zum Ziel vollzieht sich eine Weiterentwicklung), ohne die Beziehungen meistens zerbrechen. Man sollte dieser Beziehungsentwicklung genügend Raum und Zeit lassen und die gemeinsamen Entwicklungsschritte nicht so eng aneinandersetzen. Früher hat man diese Entwicklungsschritte in der Partnerschaft mit Ritualen geprägt: verliebt, verlobt, verheiratet, Kind, Taufe, Heirat der Kinder, Großeltern sein, Tod, Vermächtnis. Heute leben wir nur noch die »Minimalfamilie«, oft ersetzen Haustiere oder Hobbys den Partner oder die Kinder. Solange du dich damit wohlfühlst, ist es wunderbar. Wenn du aber beginnst, Sehnsucht zu entwickeln, was sich durch Übellaunigkeit, Krankheit und andere Wehwehchen ausdrücken kann, dann lass dich auf das Abenteuer der Partnerschaft ein.

Jede Partnerschaft beginnt mit dem Kennenlernen, dem Beschnuppern, Nähe entsteht. Dann kommt eine Zeit der Symbiose, in der man sich als ein Wesen fühlt, dann eine Zeit der Individuation in der Partnerschaft, wo sich jeder neu in diesem Rahmen definiert. Schließlich entstehen als Zeichen der gegenseitigen Verbundenheit gemeinsame Projekte (Arbeit, Kind, Hausbau, Hobby), in die jeder seine individuellen Gaben einbringt. So herrscht in einer Partnerschaft Zufriedenheit. Ihr müsst also nicht unbedingt Kinder haben, es kann auch ein gemeinsames Hobby, ein gemeinsames »Baby« auf der Arbeitsebene sein. Wichtig ist, dass ihr ein gemeinsames Projekt habt, bei dem ihr einander erlebt und euch gegenseitig achtet.

Wie verändert Elternschaft die Partnerschaft?

Wenn ihr zu Eltern werdet, aktiviert sich automatisch euer inneres Kind, das heißt, all die Erinnerungen an die in der

Kindheit gemachten emotionalen, körperlichen, spirituellen und geistigen Erfahrungen werden aktiviert, ebenso wie die Erinnerungen an die Beziehung zu euren eigenen Eltern. Vielen geht es so, dass sie ungeliebte Sprüche ihrer Eltern sich selbst zu ihrem Kind sagen hören. Oft ist es auch der Fall, dass wir auf die gleiche Ebene wie unser Kind gehen – im positiven Sinne, um die Welt zu erfahren und zu entdecken, im negativen Sinne bei der Erziehung, wo wir statt auf der Erwachsenenebene auf der Kinderebene agieren und reagieren.

Es ist wichtig, sich zu fragen: Warum will ich ein Kind? Um nicht alleine zu sein, um meinen Partner an mich zu binden, um einer gesellschaftlichen Norm zu entsprechen, oder weil ich in meiner eigenen Fülle bin und das, was überfließt, gerne weitergeben möchte. Wenn ihr ein Kind »plant«, dann ist es gut, vorher die Beziehung mit euren Eltern zu klären, sodass ihr das Gute von ihnen nehmen könnt und das, was euch nichts angeht, bei ihnen lasst. Sorgt auch dafür, dass eure Eltern euch als erwachsene Menschen ansehen und nicht mehr bevormunden.

Sprecht über das Elternsein, sprecht über eure Eltern und darüber, was ihr bereit seid, eurem Kind ohne Bedingung und ohne Preis zu geben. Euer Kind sollte nicht euer Selbstbewusstsein füttern oder euer »Erfüllungsgehilfe« sein (zum Beispiel das Abitur schaffen, weil ihr euch grämt, dass ihr nur die Mittlere Reife habt). Ein Kind sollte frei von unseren Ansprüchen groß werden dürfen. Wenn ihr hierbei gut für euch selbst sorgt und das, was überfließt, eurem Kind schenkt, dann wird es ganz von selbst und von euch lernen. Wir sollten uns auch nicht mit dem Anspruch quälen, die großen Vorbilder sein zu müssen. Damit überfordern wir uns, und das werfen wir später dem Kind vor. Eine liebevolle und wohlmeinende Einstellung zu mir und meiner Familie ist das beste Nest für alle. Ihr dürft menschlich sein, und Fehler gehören dazu. Steht zu euren Fehlern, und übernehmt die Verantwortung für sie, jedoch ohne euch schuldig zu fühlen. Es gibt keine Schuld, es gibt nur Erfahrung, die wir teilen. Bei aller Liebe: Die Information bestimmt der Empfänger, das geht euch und eurem Kind so, das heißt, Informationen können nur durch ein entsprechendes Wahrnehmungsfenster in unser Innerstes gelangen. Quält euch und euer Kind nicht damit, unter Zwang zu lernen, sondern bemüht euch lieber, den richtigen Zeitpunkt zu finden und das entsprechende Wahrnehmungsfenster zu öffnen. Seid ehrlich zueinander – in eurer Hilflosigkeit wie auch in eurer Freude –, und benutzt nicht euer Kind, um euch gegenseitig auszuspielen. Wenn ihr Probleme mit dem Kind habt oder mit dem Elternsein, dann haltet inne, betrachtet das, was hinter euch liegt, und klärt die Ursache(n) des Problems, anstatt im Vorne nach Lösungen zu suchen.

Woher kommt Eifersucht?

Eifersucht hat grundsätzlich etwas mit einem zu geringen Selbstwertgefühl zu tun. Ich denke dann, dass ich es nicht wert bin, dass der andere bei mir bleibt. Ich möchte dieses Gefühl aber nicht wahrnehmen und kämpfe im Außen dagegen an. Oft habe ich mich als Kind nicht genug gesehen und geachtet gefühlt oder einen Preis für meine

Zugehörigkeit bezahlen müssen. So fordere ich jetzt von meinem Partner, dass er einen Preis für mein Vertrauen zahlen muss. Die Illusion der Kontrolle über die Partnerschaft soll mir eine scheinbare Sicherheit garantieren. Aber der Schuss geht immer nach hinten los. Ich werde immer kleiner und enger in meiner Wahrnehmung, gebe meinem Partner keinen Spielraum mehr, und irgendwann muss sich das erfüllen, was ich in negativer Annahme vorausgesetzt habe. Dies nennt man eine sich selbst erfüllende Prophezeiung. Auch wenn mein Partner niemals daran gedacht hat, nach einem anderen Partner Ausschau zu halten, werde ich ihn mit meinem Handeln und meinem Vorurteil dazu bringen, dass er dies endlich tut. Was für ein trauriger Triumph! Wenn du Eifersucht in dir fühlst, gehe und arbeite an deiner Selbstliebe und an deinem Selbstwert, und niemand wird erniedrigt durch Handlungen, die so nicht gewollt waren.

Was meint »das Haus meiner vergangenen Beziehungen«?

In jede deiner bisherigen Beziehungen hast du Gefühle und Lebenszeit investiert. Enttäuschte Gefühle, das heißt Gefühle, durch die du Illusionen verloren hast, hast du häufig als »Anker« bei deinen Partnern gelassen, obwohl du sie verlassen hast oder sie dich. Alle Gefühle, die du einmal irgendwo gelassen hast, kannst du nicht mehr in eine neue Partnerschaft investieren. Somit werden Partnerschaften, obwohl der große Wunsch nach Entwicklung da ist, mit der Zeit immer »flacher«. Wir haben immer weniger zu geben und bekommen immer weniger.

Was sind die Regeln für eine gute Beziehung?

Die wichtigste Voraussetzung, um echte Liebe von anderen zu erfahren, ist die Selbstliebe. Und nur mit einer gesunden Liebe zu sich selbst ist man auch in der Lage, Liebe an andere weiterzugeben.
Weitere Anregungen für eine gute Beziehung sind:

- Gemeinsamkeiten pflegen
- einen Mensch mit derselben Schwingung finden
- Ehrlichkeit in der Selbstdarstellung
- zuhören, ohne zu werten
- am anderen nicht die eigenen Schwächen kritisieren
- im anderen nicht Mutter oder Vater sehen

Was gilt für die Beziehung zu einem kranken Partner?

Grundsätzlich gilt: Einen kranken Partner verlässt man nicht, denn wie heißt es so schön: weder in guten noch in schlechten Zeiten. Wenn jedoch der kranke Partner durch Erpressung und Manipulation den anderen festhalten will, dann hat dieser durchaus das Recht, sich zurückzuziehen und den anderen seiner eigenen Verantwortung zu überlassen. Dies kann einen sehr heilsamen Prozess für beide

Alle Angaben werden vertraulich behandelt.
* Der Newsletter kann jederzeit abbestellt werden.

Name/Vorname: ______________________

Straße: ______________________

PLZ, Ort: ______________________

Telefon: ______________________

E-Mail: ______________________

Geburtsdatum: ______________________

Bitte senden Sie mir:

- ☐ weitere Informationen aus dem Schirner Verlag
- ☐ den Schirner Newsletter (nur als E-Mail*)
- ☐ das SPIRIT live & Schirner Magazin

Diese Karte entnahm ich dem Buch:

____

Würden Sie dieses Buch weiterempfehlen?

____

Vielen Dank!

Das Porto übernehmen wir für Sie!

Antwort

Schirner Verlag
Elisabethenstr. 20 – 22
D-64283 Darmstadt

Seiten in Gang setzen. Die Beziehung kann sich auf einer anderen Ebene neu formieren oder sich in Respekt und Achtung lösen. Wenn dein Partner plötzlich krank ist, solltest du nicht fliehen, sondern das als Chance für euch beide begreifen. Krankheit bedeutet Bewusstwerdung, Transformation und eine Chance zu neuem Wachstum.

Welche Verhaltensregeln gelten in einer Patchworkfamilie?

Wenn du eine Patchworkfamilie gründest, dann ist es grundsätzlich wichtig, Achtung davor zu haben, dass sowohl der Partner, von dem die Kinder stammen, als auch die Kinder selbst vor dir da waren. Du bist jetzt die Person, die in Liebe mit dem jetzigen Partner lebt, aber von der Hierarchie her musst du das, was vor dir war, achten, um im Hier und Jetzt dein ganzes Glück leben zu können. Falls ihr noch gemeinsame Kinder bekommt, dürfen das niemals die »besonderen« Kinder sein, sondern sie rangieren in der Reihenfolge nach den zuerst geborenen Halbgeschwistern. Das hat nichts mit Liebe und Achtung zu tun oder damit, dass jemand weniger bekommt, es ist nur wichtig, diese Tatsache der Ordnung halber im Hinterkopf zu haben. Es ist auch wichtig, nicht mit deinem neuen Partner über eure alten Partner zu schimpfen, sondern jeder soll seine Konflikte mit seinem alten Partner selbst lösen, ohne sich Rückendeckung beim neuen Partner zu holen. Der neue Partner kennt nämlich nur eine Sichtweise und sieht niemals das Ganze. Er verstärkt somit deine negativen Gefühle. Das alles gilt genauso im Umkehrschluss, wenn du die Kinder hast und ein neuer Partner hinzukommt.

Was sagen Beziehungen mit einem großen Altersunterschied aus?

In Beziehungen mit großem Altersunterschied sucht der jüngere im älteren Partner oft Reife und Erfahrung und unbewusst einen Elternteil. Lässt sich jedoch ein älterer Partner auf einen wesentlich jüngeren ein, ist das meist ein Zeichen seiner eigenen Unreife und der Weigerung, das Leben in allen Phasen zu akzeptieren. Dies bedeutet, dass es oft eine Illusion ist, in einem älteren Partner einen reiferen Menschen und einen Anker zu sehen. In seltenen Fällen ist eine junge Person so reif, dass sie mit einem älteren Menschen, der bereits ein erfahrungsreiches Leben hatte, mithalten kann. Wenn dem so ist, dann können solche Beziehungen außerordentlich beglückend und bereichernd sein.

Was ist ein Ersatzpartner?

Ein Ersatzpartner ist jemand, der gewählt wird, weil der eigentliche Wunschpartner nicht zur Verfügung steht oder die Angst vor dem Konflikt mit dem Wunschpartner und seinen Konsequenzen uns nicht erlaubt, uns dem eigentlichen Partner zu stellen.

Oft werden wir als Kind zu Ersatzpartnern (emotional, geistig und/oder körperlich), weil unsere Eltern voneinander enttäuscht sind und ihre Paarbeziehung nicht erfüllend leben können. Emotionen, die nicht gelebt und gegeben werden können, werden auf das Kind projiziert, und das Kind fühlt sich unbewusst verpflichtet, das auszugleichen, was Mama oder Papa nicht geben können, damit die Familie zusammenbleibt. Hin und wieder sind wir auch Platzhalter für einen Elternteil, zum Beispiel nach Scheidungen oder wenn ein Elternteil verstorben ist, häufig also bei abwesenden Elternteilen. Wir halten für den nicht Anwesenden den Platz an der Seite des anderen Beziehungspartners frei, das heißt, bewusst oder unbewusst wird ein potenzieller neuer Partner ferngehalten. Dies tun Kinder oft in der Hoffnung, dass der vermisste Elternteil wiederkommen möge. Kriegskinder haben es besonders schwer. Sie schlüpfen in Papas Rolle oder, wenn Mama Papas Rolle übernommen hat, in die Mutterrolle und idealisieren den nicht anwesenden Vater. Kommt dieser zurück, gibt es nicht das ersehnte freudige Wiedersehen und die Anerkennung, sondern oft erbitterte offene oder verdeckte Konkurrenzkämpfe in der Familie.
Als Ersatzpartner verliere ich immer meine Identität. Und ein Ersatz kann nie so gut sein wie das Original. Als Erwachsener haben wir dann die Neigung, Geliebter oder Geliebte zu werden. Wir sind zum Teil partnerschaftlich noch so an unseren Elternteil gebunden, dass wir nicht offen für eine gleichrangige Beziehung sind. Wir sind dann oft »Brückenpartner«, wir werden benutzt, wenn jemand aus einer Beziehung aussteigen will, und wir stellen uns zur

Verfügung in der Hoffnung, dass sich der Aufwand diesmal lohnen wird. In der Regel werden solche Beziehungen aber schnell wieder beendet. Ein Ersatzpartner kann auch eine idealisierte Person sein, die ich sehr bewundere und verehre, die ich aus der Ferne liebe und in die ich alle meine unerfüllten Wünsche und Sehnsüchte hineinprojiziere. Dann ist es wichtig zu lernen, mich selbst in meinem Bewusstsein und in meinem Herzen genauso einzigartig und wichtig werden zu lassen wie mein Idol. Denn eigentlich ist es die Sehnsucht nach mir selbst, die mich diese Illusion leben lässt. Wenn mir das klar ist, kann ich in der Realität einen gleichwertigen und passenden Partner finden.

Mein Partner ist Ausländer, was sagt mir das?

Warum hast du einen Partner, der Ausländer ist? Willst du anders sein? Willst du auffallen? Hast du schlechte Erfahrungen mit Partnern aus deinem eigenen Land gemacht? Wertest du dich durch deinen ausländischen Partner auf oder ab?

Das sind Fragen, die man sich stellen sollte. Wenn euch die Liebe wie ein Blitz trifft, dann ist es, wie es ist. Wir Europäer sind alle »Ausländer«, weil sich die Völker in den Jahrtausenden ständig gemischt haben. Wenn dein Partner aus dem Ausland kommt, dann hat er dieses vielleicht aus Neugier verlassen oder weil er vor sozialen Beziehungen oder Lebensumständen auf der Flucht ist. Dennoch hat er seine Wurzeln dort gelassen. Auch wenn dein Partner deine Sprache spricht und sich kulturell so verhält, wie

es in deinem Land gewünscht ist, hat er dennoch seine eigene Sprache und seinen kulturellen Hintergrund, der in bestimmten Lebenssituationen ein völlig anderes Verhalten auslösen kann, als du es erwartest. Beschäftige dich mit der Kultur und der Herkunftsfamilie deines Partners, um seine Reaktionen besser verstehen zu lernen. Erzähle auch viel von dir und deiner Kultur, auch wenn dein Partner schon lange hier lebt.
Vom systemischen Gedanken her gilt immer: Der Mann kommt in seinem eigenen Land am besten in die Kraft, die Frau folgt dem Mann. Dies hat nichts mit Unterwerfung zu tun, sondern ist eine uralte menschliche und logische Verhaltensweise. Holst du als Frau deinen Mann aus dem Ausland hierher, wird er auf allen Ebenen an Kraft verlieren. Folgst du deinem Mann in sein Land, wirst du interessante neue Erfahrungen machen, und ihr beide kommt in eure Kraft. Natürlich sollte man das niemals blauäugig tun und sich danach darüber beschweren, was man infolgedessen erfahren hat, sondern nur unter vorheriger genauer Kenntnis der Familie und der Kultur des Partners. Wie bei allen Beziehungen sollte man einen ähnlichen Grad an Bildung und emotionaler Reife besitzen, um miteinander glücklich werden zu können.

Muss ich in einer Beziehung alle meine Geheimnisse offenbaren?

Jeder sollte in der Beziehung für sich selbst stehen können. Es gibt keinen Geständniszwang. Auch die Sucht mancher

Paare, sich haarklein alles zu offenbaren, kann entzaubernd wirken. Gibt es aber ein größeres Geheimnis, das der eine trägt und sorgsam vor dem anderen verbirgt, geht dies auf Kosten des Paargefühls und des Vertrauens zueinander. Man sollte niemals denken, dass der Partner nicht unterschwellig weiß und spürt, was tatsächlich geschieht. Willst du deine Partnerschaft leben, suche dir, wenn du ein Geheimnis hast, einen kompetenten Menschen, mit dem du erst einmal reden und dem du dich öffnen kannst, dann ist es schon kein Geheimnis mehr. Das wird dich enorm entlasten. Suche dann einen Weg, so offen und dennoch so wenig verletzend wie möglich deinem Partner von deinem Geheimnis zu erzählen und ihm auch mitzuteilen, dass du ihm zutraust, mit dir und der offenbarten Wahrheit zu leben. Erzähle, welche Bedenken und Ängste es waren, die dich dazu gebracht haben, dein Geheimnis für dich zu behalten, und erlaube deinem Partner alle Reaktionen – von Wut über Betroffenheit bis Verständnis –, damit er den Vorsprung, den du hattest, aufarbeiten kann und ihr euch wieder auf einer Ebene trefft.

Warum habe ich immer Fernbeziehungen?

Hier steht die Sehnsucht im Vordergrund und nicht die wirklich gelebte Zweierbeziehung. Wir blenden den Alltag und unser triviales Leben völlig aus, um uns auf diesen einen Zeitpunkt der Erfüllung zu konzentrieren, wenn wir uns begegnen, mit dem Wissen, dass daraus kein Alltag wird. Ich muss meinen Partner niemandem zeigen, mich also nicht wirklich zu ihm bekennen, und ich habe selbst die Möglichkeit zu glänzen, ohne meine Schatten zu zeigen. Auf Dauer lassen sich Schatten in Beziehungen nicht vermeiden, und sie sollten als Wachstumsfaktoren gesehen werden. So ist es bei jeder Fernbeziehung wichtig, sie auf fruchtbaren Boden zu stellen, das heißt einen gemeinsamen Wohnort zu bestimmen, wo man die Beziehung leben kann. Das kann im Idealfall der Wohnort des Mannes oder ein gemeinsam gewählter, dritter Wohnort sein. Andernfalls verläuft die Beziehung mangels gemeinsamen Alltags im Sand.

Warum bin ich der Geliebte/die Geliebte?

Wer heimlich liebt und sich heimlich lieben lässt, hat oft einen ungelösten ödipalen Konflikt, das heißt, dass wir als Kinder eine Phase hatten, in der wir den gegengeschlechtlichen Elternteil idealisierten und später einmal heiraten wollten. Dies gehört zur natürlichen Entwicklung eines jeden Kindes, bei manchen geschieht es bewusst, bei anderen unbewusst, und es ist die erste Auseinandersetzung mit dem anderen Geschlecht. In der Regel kann hier ohne Gefahr die eigene Wirkung getestet werden. In dieser Phase entsteht oft Eifersucht auf den gleichgeschlechtlichen Elternteil. Später lösen wir uns wieder von diesem ersten Partnerbild, und Eltern sind wieder Eltern. Wenn wir uns innerlich aus dieser Phase nicht lösen und gefühlsmäßig an dieser Stelle nur unvollständig weiterwachsen, dann haben wir später die Neigung, Geliebte oder Geliebter zu sein. Wenn wir mit starker Eifersucht auf die Frau/den Mann des/der Geliebten reagieren und diese Beziehung zu zerstören versuchen, wollen wir dieses Mal die Gewinner sein. Das war als Kind nicht möglich. Vielen genügt es auch viele Jahre lang, entweder sehr zufrieden oder still leidend die/der heimliche Geliebte zu bleiben.

Wir sollten nicht alles glauben, was uns unser Partner erzählt, dass er leidet usw. Würden wir den festen Partner des Partners kennenlernen, würden wir uns in den meisten Fällen sogar mit ihm solidarisieren. Bei vielen Paaren passiert es auch, dass sie, sobald sie Eltern werden, im Partner den eigenen Vater bzw. die eigene Mutter sehen und beginnen, Konflikte, die eigentlich in die Beziehung zu dem Elternteil gehören, mit dem Partner auszutragen.

Die Sehnsucht nach Partnerschaft und Gleichklang bleibt unerfüllt, die Erfüllung wird im Außen gesucht. In jedem Fall ist es dann sehr sinnvoll, in sich selbst hineinzuschauen und nicht in die Beziehung, um zu sehen, welches Muster ich dabei lebe und lösen kann. Manche Menschen versuchen auch, über einen neuen Partner die Berechtigung, die Kraft zum Ausstieg aus der Beziehung zu finden. Oft ist dieser Partner eine Art Brücke: Über Brücken geht man, man lässt sich dort nicht häuslich nieder, diese Beziehungen haben also oft nur einen kurzfristigen Charakter. Ständige Liebesbeziehungen sollen den Mangel an Selbstliebe kompensieren. Niemand außer dir selbst trägt die Verantwortung für dein Glück und dein Leben.

Sexualität

Sexualität ist eine Kunst, die entdeckt, erlernt und gelebt werden will.

Ist Sexualität primär ein lustvoller Rausch oder eher eine fast heilige Handlung?

Sowohl als auch. In einer gut gelebten Sexualität sollten alle Sinne – unsere Körperlichkeit, unsere Gefühle, unsere Spiritualität – im lustvollen Einklang sein. In unserer Gesellschaft ist Sexualität immer noch extrem tabuisiert, obwohl wir so plakativ damit umgehen.

So wenig wie reine Liebe etwas mit Eifersucht zu tun hat, so wenig bedeutet Sexualität nur den körperlichen Akt an sich. Tatsache ist, dass Sexualität immer weniger und zum Teil immer verzerrter gelebt wird. Weder für Kinder noch für Erwachsene noch für alte Menschen schickt es sich, das Thema öffentlich anzusprechen. Selbst im intimsten Rahmen finden Partner nicht heraus, was ihnen wirklich Freude macht und wie sie sich darüber mitteilen sollen.

Die Frau empfindet oft Scham und Schuldgefühle, weil sie in den letzten Jahrtausenden stark abgewertet wurde und sich ihrer positiven Macht nicht bewusst ist, geschweige denn es wagt, diese zu leben. Bei Männern regieren oft Unsicherheit und Verwirrung bezüglich der Sexualität, was durch oberflächliche Handlungen und Gesten kompensiert wird. Die Vorstellungen, die wir über einen sexuell aktiven Menschen haben, entsprechen nicht der Realität und sind viel zu hochgesteckt. Das führt dazu, dass beide Geschlechter oft permanent das Gefühl haben, eigentlich Versager zu sein. Hier beginnt die Unehrlichkeit im zwischenmenschlichen Bereich, und wir haben »Geheimnisse«

voreinander. Geheimnisse trennen, sie sind oft der Beginn vom Ende einer Partnerschaft.
Ich möchte euch ermutigen, dass ihr einfach wieder beginnt, über Sexualität zu sprechen und euch dabei auch und gerade über das Trivialste unterhaltet. Nehmt euch ernst, aber lacht auch gemeinsam, findet heraus, was euch wirklich Freude macht. Ihr habt ein Recht auf diese Freude und auch ein Recht darauf, eurem Partner mitzuteilen, wie ihr eure Sexualität leben wollt. Ladet ihn ein, sich mit eurer und mit seiner eigenen Sexualität auseinanderzusetzen. Genauso sollte man mit Neugier, Interesse und innerer Bereitschaft auf seinen Partner zugehen. Grundsätzlich gilt: Erlaubt ist, was beiden wirklich guttut. Belügt euch nicht, macht euch nichts vor, denn genau das ist es, was euch trennt. Sexualität ist ein wichtiger Teil unseres Lebens, und so sollten wir sie auch selbstverständlich wieder in unser Leben integrieren und ohne Scham leben.

Ist purer Sex auf Dauer eine Gefahr für das Feingefühl eines Menschen?

Wie bei allem kommt es auch hier auf die Dosierung an. Wenn ich sexsüchtig bin, nimmt dies zwangsläufig so viel meiner Zeit und Energie in Anspruch, dass anderes darunter leidet und zu kurz kommt. Dann ist sicherlich auch das Feingefühl davon betroffen. Unser Leben ist eine Mischung aus vielen Aspekten – wie ein gutes Essen, bei dem auch die Gesamtkomposition den Genuss bietet und nicht das Hervorschmecken einer einzigen Zutat.

Wodurch entstehen Nymphomanie und das Casanova-Syndrom?

Wenn ein Mann oder eine Frau immer wieder zwanghaft Partner sucht, um mit ihnen Sexualität zu leben, die meistens doch nicht als erfüllend erlebt wird, wird versucht, die Selbstliebe über das Du zu entwickeln und im Spiegel des Partners in die All-Liebe (Ich bin erkannt und werde geliebt) zu gelangen. Ein Mann sucht in diesen wechselnden Beziehungen unbewusst den Mutterschoß und fragt innerlich: »Bist du meine Mutter?« Die Antwort lautet: »Nein, auch du bist es nicht.« Und so sucht er weiter. Ebenso tut es eine Nymphomanin auf der Suche nach dem Vater. Bei so manchem »flotten Hecht« und »Partygirl« – von anderen beneidet – handelt es sich im Grunde um einen tieftraurigen, unerfüllten Menschen, der sich selbst nicht lieben kann, sondern versucht, über das Du gesehen zu werden. Hier lohnt es sich oft, zu dem betroffenen Elternteil hinzuschauen und das Problem aufzulösen.

Können wir Liebe zwischen Mann und Frau auch völlig losgelöst von Sexualität leben? Wenn ja, (ab) wann und wie?

Natürlich können wir die Liebe rein platonisch oder spirituell leben, das heißt ohne die Körperlichkeit und ohne die Sinne einzubeziehen. Das macht Sinn, wenn es aus Glaubens- oder aus körperlichen Gründen nicht gewünscht ist, Sexualität zu leben, und dies etwas ist, auf das sich beide

Partner einigen können. Vom ganzheitlichen Aspekt her sollte ich mich fragen: »Ich habe einen Körper, warum darf er sich nicht beteiligen?« Es lohnt sich, sich mit dem Thema der eigenen Sexualität auseinanderzusetzen.

Was ist, wenn einer mehr Sex braucht als der andere?

Regel Nummer eins: Wenn der eine Partner nicht mehr Sex will, sollte er dazu stehen und sich nicht opfern. Wenn ein Partner mehr Sex will, sollte er sich selbst befriedigen oder in Absprache mit seinem Partner eine offene Beziehung leben. Hierbei gilt: Niemand sollte sich opfern, die Partnerschaft sollte im Vordergrund stehen.

Kann ein Mann so fühlen wie eine Frau und umgekehrt?

Keiner fühlt genauso wie der andere, wir können uns auf dieser Ebene nur annähern. Es ist jedoch möglich, wenn wir uns sehr füreinander öffnen und uns ganz aufeinander einlassen, unsere Gefühle zu synchronisieren. Da wir aber ständig unterschiedliche Wahrnehmungsfenster geöffnet haben, werden Gefühle immer subjektiv erfahren. Wir neigen jedoch dazu, unsere Gefühle auf andere Wesen zu projizieren, um eine Gemeinsamkeit zu erzeugen und hier dem Grundbedürfnis nach Geborgenheit, Zugehörigkeit, Sicherheit durch die Gemeinschaft Rechnung zu tragen.

Geburt

Geburt und Tod haben die gleiche Tür.
Die Geburt erfordert das höhere Opfer.

Welchen Einfluss hat die Geburt auf mein weiteres Leben?

Sie bestimmt die Art und Weise, wie wir ins Leben treten. Es ist in der Regel unsere erste Erfahrung von Schmerz und dem Einsatz unseres eigenen Willens, wenn wir das Licht der Welt erblicken. Durch meine Geburt zeige ich mich den anderen Menschen, auch meinen Eltern, von Angesicht zu Angesicht und in der Hoffnung, anerkannt, genährt und beschützt zu werden, bis ich in die Eigenverantwortung gehen kann. Wie werde ich empfangen und in die Gemeinschaft aufgenommen? Je nachdem, womit ich diesen Eindruck verknüpfe – Schmerz, Trauer, Hektik, Ruhe, Geborgenheit, Kälte etc. –, wird ein Teil von mir auch später in der Interaktion mit der Gemeinschaft, vor allem in Bezug auf alles, was Neuanfänge, erste Male betrifft, in diese alte Spurrille zurückfallen und die Initialerfahrung meiner Geburt als Parameter heranziehen.

Wie beeinflusst mich ein Kaiserschnitt?

Es kann sein, dass der Kaiserschnitt deine einzige Rettung war, es kann aber auch sein, dass der Arzt oder deine Mutter einen bestimmten Geburtstermin wollte – aus organisatorischen Gründen oder um dir nach bestem Wissen und Gewissen den bestmöglichen Eintritt in dieses Leben zu schenken. Grundsätzlich sollte eine natürliche Geburt immer vorgezogen werden. Bei einem Kaiserschnitt wird die

Empfindungsfähigkeit deiner Mutter für den Prozess der Geburt ausgeschaltet. Bis vor Kurzem gab es dabei noch eine Vollnarkose, also wurde ihr gesamtes Bewusstsein für dich und die Geburt ausgeschaltet. Noch dazu ist es bis heute häufig so, dass Väter gar nicht oder nur als Ehemänner in den OP gelassen werden.

Die Wunde wird schnell versorgt, du wirst schnell versorgt. Auch wenn deine Mutter bei Bewusstsein ist, verhindert meistens ein Sichttuch, dass sie dich gleich sehen kann. Vielleicht hast du gerade geschlafen, als dich auf einmal fremde Hände griffen und ohne Vorbereitung nach draußen holten. Das kann dir einen tiefen Schock versetzen. Man hat es dir nicht ermöglicht, selbst den Zeitpunkt deiner Geburt zu bestimmen. Das tun nämlich alle Kinder, indem sie, wenn sie ausgereift sind, ein Hormon ausschütten, das die Geburt in Gang setzt. Viele Kaiserschnittkinder und deren Mütter haben ein »Entfremdungsproblem«, da ihnen der gemeinsame und auch der eigene »Geburtskampf« fehlen. Sie haben nicht wirklich die Initialerfahrung dieses Erlebnisses miteinander geteilt, sondern fremde Menschen darüber bestimmen lassen. Kaiserschnittkinder gehen deswegen oft lieber den leichteren Weg und scheuen sich vor Auseinandersetzungen, in denen sie sich beweisen müssten. Es kann auch sein, dass sie sich wie kleine Herrscher benehmen und von der Umwelt erwarten, dass diese ihnen diene. Durch Bonding, aber auch durch Arbeit mit dem Geburtsschlauch können Mutter und Kind die Urerfahrung einer normalen Entbindung nachholen.

Was, wenn ich entscheiden soll, ob mein Kind per Kaiserschnitt geholt werden soll?

Wenn es dein Leben und/oder das Leben deines Kindes rettet, habt ihr diese Erfahrung auf einer höheren Ebene bewusst so gewählt und nehmt sie in Kauf. Grundsätzlich kann ein Kaiserschnitt kostbares Leben retten und ist in diesem Fall absolut gerechtfertigt. Wird dir ein Kaiserschnitt aus anderen Gründen vorgeschlagen, dann hole verschiedene Meinungen ein, und bedenke bei deiner Entscheidung, dass der natürliche Vorgang den meisten, auch zum Teil unbewussten Vorgängen Rechnung trägt. Lass dich nicht durch Horrorgeschichten über Geburten schrecken, da gibt es auch unter Müttern viel Jägerlatein. Der Wehenschmerz macht Sinn, er begleitet dich und das Kind und bereitet ein einzigartiges, wunderbares Ereignis vor. Du hast teil an der Schöpfung und leistest deinen Beitrag dazu.

Was bedeutet eine um den Hals gewickelte Nabelschnur für mein jetziges Leben?

Das kann ein karmischer Aspekt sein und dich auf etwas hinweisen, was du noch abzuarbeiten hast. Es kann aber auch bedeuten, dass du in diesem Leben deine Mutter unbewusst als bedrohlich empfindest/erleben wirst. Migräne, Panikattacken, das Gefühl, ersticken zu müssen, auch die Abneigung gegen Ketten, Rollkragenpullis, Schals etc. kann dort herrühren. Durch die um den Hals gewickelte

Nabelschnur lagen die Aspekte Tod und Leben bei deiner Geburt sehr nahe beieinander. Erkundige dich, ob du dennoch ein rosiges Baby oder schon bläulich oder besinnungslos warst. Es gibt Menschen, die mit einem solchen Beginn ihres Lebens keine Probleme haben. Sollten aber oben genannte Symptome auftreten, macht es immer Sinn, noch einmal in Richtung Geburt zu schauen.

Was bedeutet eine Steißgeburt?

Ich zeige der Welt den Hintern. Ich will nicht raus. Eine Steißgeburt steht für die Angst vor der Konfrontation und dem, was mich erwartet. Man ist noch nicht bereit, der Welt ins Gesicht zu blicken. Oftmals zeugt es auch von dem Wunsch, sich zu verbergen, weil unklar ist, ob man, so wie man ist, gewollt ist und gut empfangen wird.

Was bedeutet es, wenn eine Mutter ihr Kind überträgt?

Die Mutter will ihr Kind noch nicht hergeben. Sie hat vielleicht unbewusst Angst vor der Konfrontation, fühlt sich nicht sicher und geborgen genug, sich der Aufgabe zu stellen, oder sie will ihr Kind nicht teilen. Oftmals findet die Mutter innerlich und äußerlich nicht den richtigen Platz, um ihr Kind sicher und gut zur Welt zu bringen (Stress, Beziehungsprobleme, viele Geschwister, soziale Schwierigkeiten), oder sie hat Angst, der Verantwortung nicht gewachsen zu sein.

Was bedeutet eine Frühgeburt?

Oft ist es ein karmisches Thema mit Mutter oder Vater, Selbstüberschätzung, was die eigentliche Reife anbelangt, ein Rechenfehler der Eltern (die Empfängnis wird später angenommen, als sie tatsächlich stattgefunden hat), eine akute Notsituation, in der die einzige Hoffnung darin besteht, dass ich mich im unfertigen Zustand auf das Leben einlasse und mich bedingungslos in die Obhut der Gemeinschaft begebe. Bei einer Frühgeburt werden Eltern zu starker Hingabe und Fürsorglichkeit aufgerufen, auch werden sie stark mit den Themen Zartheit, Zerbrechlichkeit und Kostbarkeit des Lebens konfrontiert. Frühchen sind oft wunderbare Lehrer.

Was bedeutet ein Kindsabgang?

Oft sind Frauen betroffen, die kein Urvertrauen in den Fluss des Lebens haben. Körperliche Vorgänge werden durch den Verstand kontrolliert, sodass der Körper keine Lust mehr hat, seine Arbeit zu tun. Wichtig hierbei ist, wieder ein entspanntes, vertrauensvolles Verhältnis zum eigenen Körper zu finden. Man muss innerlich so loslassen, dass die Selbstregelungsprozesse des Lebens in unserem Körper wieder in Gang kommen. Es ist wichtig, ein Kind nicht erzwingen zu wollen, es nicht als Statussymbol, Partnerschaftskitt oder Leistung des eigenen Frauseins zu betrachten.

Schmerz

Der Körper ist ein guter Diener,
aber ein schlechter Herr.

Was ist Schmerz? Ein geistiges, körperliches oder seelisches Phänomen?

Schmerz ist ein akutes Alarmsignal, das uns ermahnt, mit absoluter Dringlichkeit hinzusehen und etwas zu verändern. Schmerz kann sich in unser Körperzellbewusstsein so einprägen, dass er auch noch wahrgenommen wird, wenn keine Ursache mehr vorhanden ist. Dann müssen wir zurück zu den Ursachen gehen – auf allen drei Ebenen – und uns davon befreien.

Ein körperlicher Schmerz wird in unserer Gesellschaft eher wahrgenommen als ein emotionaler oder seelischer Schmerz. Deshalb werden wir eher ernst genommen, wenn wir körperlichen Schmerz empfinden. Es gibt mannigfaltige Behandlungsmethoden. Es gibt Apparate und Hilfsmittel, Menschen mit ernsten Mienen, die in diesem Fall die Verantwortung für uns übernehmen. Im günstigsten Fall wird man in die Diagnosefindung und die Behandlung persönlich eingeweiht. Meist erfolgt dies verklausuliert an den Hausarzt, der einem dann übersetzt, was er für nötig hält. Was die körperliche Form von Schmerz bedeutet: Dieser Schmerz gibt mir den Status eines Kindes zurück, für das die Eltern die Verantwortung übernehmen. Wir können auch einen geistigen Schmerz erleiden, wenn unser Geist zu wenig genährt wird, durch Einengung, Unter- oder Überforderung. Diese Form von Schmerz erzeugt Genies und Autisten, das heißt Menschen, die sich der Umgebung verweigern und in ihrem eigenen Universum bleiben, oder Menschen, die den Mut der Verzweiflung finden, über die gegebenen Grenzen hinauszuwachsen, sich mitzuteilen und sich dem gesellschaftlichen Urteil auszuliefern – mit den jeweiligen Folgen. Emotionaler Schmerz kann letztendlich körperliche Schmerzen erzeugen, ist aber grundsätzlich eine Auseinandersetzung zwischen dem gefühlten Inneren und der äußeren Realität. Emotionaler Schmerz hat mit der Ich-du-Beziehung zu tun, also damit, wie ich mich selbst erfahre und wie ich mich im Außen gespiegelt empfinde. Dieser Schmerz kann solche Ausmaße annehmen, dass wir für verrückt gehalten werden, im schlimmsten Fall Entmündigung erfahren. Dies kann bis hin zum Herausgerissensein aus der Gesamtheit Körper, Geist und Seele führen, sodass wir auch keine Verantwortung mehr übernehmen können. Da wir hier auf Erden emotionale Meisterschaft erlangen wollen, befinden wir uns oft auf einer Spannungsebene zwischen Ohnmacht und Überschätzung.

Wie gehe ich sinnvoll mit körperlichen Schmerzen um?

Grundsätzlich bist du der Chef deines Körpers. Der Körper ist dein »Lebensgefährte«. Er steht dir in diesem Leben zur Verfügung. Eventuell hat er dir auch in deinen vorherigen Inkarnationen schon gedient, denn meiner Erfahrung nach formt sich der Körper immer wieder neu aus der Materie, die wir auch zuletzt als Körperform genutzt haben. Im Zellgedächtnis sind alle (körperlichen) Erfahrungen aus allen Inkarnationen gesammelt. Über den Körper kann ich in Hypnose sämtliche Leben erinnern und abrufen. Demnach sind also sehr viel mehr Informationen, als du es für möglich hältst, in deinem Zellbewusstsein gespeichert, die der Körper, der ein eigenes Ego besitzt, zu gegebener Zeit abruft. Dein Körper hat immer sehr viel mehr Angst vor der Vergänglichkeit als dein wahres Selbst, da er gezwungen ist, sich am Ende deines Lebens aufzulösen, und er somit aufhört, für den aktuellen Lebenszyklus materiell zu existieren. Dein wahres Selbst vollzieht lediglich einen Übergang, zieht sozusagen ein anderes Gewand an. Somit ist verständlich, dass dein Körper versucht, dich zu dominieren. Tatsächlich ist es jedoch deine mentale Schöpferkraft, die dominiert. Betrachte deinen Körper wie einen Freund, der vielleicht in diesem Augenblick große Panik hat. Versuche zu verstehen, was ihn beschäftigt und was dich beschäftigt. Und rede mit ihm wie mit einem Kind. So wird er dir mit den Kräften, die er hat, dienen und nicht mehr seinen eigenen Kampf kämpfen, was wiederum Schmerzen erheblich reduziert. Es ist wichtig, unser Bewusstsein über unseren Körper zu erfahren, jedoch dem Körper nicht die Regie für unser Leben zu überlassen.

Soll ich mich dem Schmerz stellen oder ihn lieber betäuben?

Das kommt auf deine jeweilige Verfassung an. Du musst kein Held sein, bleibe aber auch nicht unter deinen Möglichkeiten. Wenn du Betäubungsmittel (Schmerztabletten) nimmst, überdeckst du deinen Schmerz lediglich. Du verweigerst die Wahrnehmung dessen, was ist. In irgendeiner Form wird sich die Botschaft des Schmerzes wieder bei dir melden. Es gibt keinen Schmerz, der sich nicht durch mentales Training kanalisieren lässt. Wenn du dich damit überfordert fühlst, macht es Sinn, mithilfe von Schmerzmitteln Schmerzpausen einzulegen, in denen du dich auf die neue Konfrontation vorbereitest und in dir selbst reifst. Aber nutze ein Schmerzmittel niemals, um der Konfrontation auszuweichen, denn diese wird dann in anderer Form wieder auf dich zukommen. Die erste Konfrontation ist meistens die »Übungswelle«, wenn wir auf diese nicht reagieren, kommt der »Tsunami«.

Was bedeutet Dauerschmerz?

Es gibt viele neurologische und physiologische Abhandlungen darüber. Aus meiner Sicht jedoch verhilft uns der Dauerschmerz dazu, einer persönlichen Problematik nicht ins Auge blicken zu müssen. Sei es, dass du Missbrauch erlebt hast, dich dein Ehepartner nicht liebt, du ein »Kuckuckskind« bist etc. Der Dauerschmerz ist ein andauernder Hilfeschrei nach Antworten im Außen, du kannst die Antwort jedoch nur in dir selbst finden. Und jeder von euch weiß, was gemeint ist.

Was ist, wenn ich den Schmerz nicht mehr aushalte?

Dann ergib dich, und gib zu, dass du den Schmerz benutzt hast, um etwas, was dir viel schmerzhafter erschien, zu verdrängen. Vergib dir, und erlaube dir, endlich hinzusehen, was es ist. Hole dir die kompetenten Hilfen, die du für diesen Prozess benötigst, und vertraue dir selbst, dass du den Knoten löst. Keine Erinnerung ist so schlimm wie der Schmerz, den du bereits ertragen hast. Alles ist bereits geschehen, und du musst es nicht noch einmal erleben, aber du kannst daraus lernen und Ressourcen für dein jetziges Leben daraus entwickeln. Entscheide dich dafür, »Ja« zum Leben zu sagen, anstatt das Leben abzuwehren. Das Leben ist schön, und es wartet auf dich. Übernimm die Verantwortung, und wähle die Mittel, die deine Situation erfordert. Der Zeitpunkt der Erlösung von deinem Schmerz liegt in deiner eigenen Verantwortung.

Tod

Wir verabschieden uns ein Leben lang.

Ist der Tod der Beginn eines neuen, spannenden Abschnittes oder das unabänderliche, bedrohliche Ende dieser Existenz?

K. K.: Weder noch. Die Geburt ist die Tür, durch die man in das gewählte Leben eintritt. Der Tod ist die Tür, durch die man austritt. Unsere wahre Existenz bleibt davon unberührt.
B. K.: Es kommt darauf an, was du glaubst. Im Tod werden wir erst einmal der Illusion unserer Lebenswahrnehmung begegnen, sie dann durchschauen und überwinden und in die nicht körperliche Welt übertreten. Im besten Falle reflektieren wir dann unser Leben und bereiten uns auf die nächste Erfahrungsebene vor. Jede Existenz an sich ist unendlich, das Wesen der Existenz sind Transformation, Selbsterfahrung und Wachstum. Wir begegnen auf dieser Seite genauso wie auf der anderen Seite des Spiegels Ereignissen und Energien, die wir oft selbst geboren haben und mit denen wir uns auseinandersetzen müssen. Dies können wir zunächst einmal als beglückend oder auch als bedrohlich empfinden. Weder das Leben noch der Tod noch das, was danach kommt, geben uns eine Garantie für dauerhafte Glückseligkeit. Die Vorbereitung dafür, in das Leben zu gehen, sich der Körperlichkeit und der Geburt zu stellen, erfordert mehr Energie und Selbstüberwindung als durch die Tür des Todes zu gehen. Die Form seines Todes wählt jeder auf einer höheren Ebene selbst. Ob wir nun früh oder spät, plötzlich oder nach langer Krankheit oder selbst gewählt aus dem Leben treten – ebenso wie die Ge-

burt bietet uns der Tod eine tief transformatorische Selbsterfahrung. Jedes Wesen, das stirbt, lebt in einer anderer Form weiter. Als westlich geprägte Menschen erleben wir den Tod jedoch als etwas Schlimmes, weil wir das geliebte Wesen nicht mehr körperlich berühren können, und wir projizieren auf den Verstorbenen, dass auch er unendlich traurig sein muss, seinen Körper zu verlassen und die körperliche Erfahrung mit uns aufzugeben.

Wie kann ich den Tod von Wesen (Menschen, Tieren, Pflanzen), die mir nahe sind, besser bewältigen?

Es ist hilfreich, dir am Anfang einen Platz herzurichten, an dem du eine Kerze anzündest, an dem du dich geistig mit dem Toten triffst und dich mit ihm austauschst. Es ist gut zu wissen, dass verstorbene Wesen, auch wenn sie körperlich nicht mehr anwesend sind, dennoch weiterhin dazugehören. Man hat oft noch Mitleid mit dem Verstorbenen und auch selbst das Gefühl, mehr oder minder plötzlich im Stich gelassen worden zu sein. Setze dich mit den Themen Verlassenheit, Trauer und auch deiner Wut über den Tod auseinander. Für deinen Körper und deine Gefühle ist es hilfreich, ein »Übergangsobjekt« zu besitzen: Das kann ein Kissen oder ein kleiner Talisman aus dem Besitz des Toten sein oder auch ein Teddybär, den man sich selbst kauft. Hier erlaubst du dir, noch einmal Vertrautheit und Nähe entstehen zu lassen, bis du von selbst auch dieses Übergangsobjekt loslassen kannst. Hierbei gilt grundsätzlich: Weder dürfen wir eine Seele festhalten und am Weitergehen hindern noch sollen wir ihr folgen, bevor nicht unser eigener Lebensauftrag beendet ist. Vielleicht ist gerade der Tod des geliebten Wesens ein großes Geschenk an mich und lässt mich Türen öffnen, von denen ich vorher gar nicht wusste, dass es sie gibt. Denn: Leben soll man das Leben vorwärts, verstehen kann man es erst im Nachhinein.

Wie gestalte ich den Übergang vom Leben in den Tod für mich selbst am sinnvollsten und harmonischsten, wenn mir die Gelegenheit dafür gegeben ist?

Mein Körper ist mein »Lebensgefährte«, der mir das Sein hier ermöglicht. Kraft meiner großartigen Fähigkeiten habe ich Materie unter Zuhilfenahme der Elemente von Mutter Erde in meinem göttlichen Bewusstsein geschaffen und zu diesem Körper verdichtet. Der Körper will nun unter allen Umständen am Leben erhalten werden und entwickelt sein eigenes Ego.

Es ist wichtig, dass du weißt, dass letztendlich du der Chef deines Körpers bist und er dir dient. Wenn es Zeit ist zu gehen, klammere dich nicht an deinem physischen Körper fest, und erlaube ihm nicht, die natürliche Ablösung deiner Seele zu bekämpfen. Denn sonst könnte dein Heimgehen zu einem schweren Kampf ausarten. Erlaube dir, gemeinsam mit deinem Körper zu trauern, dass eure gemeinsame Reise nun bald zu Ende sein wird, und erlaube auch deinem Bewusstsein, sich zu verändern. Besinne dich auf deine Würde und deine Unantastbarkeit, fordere sie ein. Es ist nicht so wichtig, was andere von dir denken oder welchen

Eindruck du auf sie machst. Wenn du die Zeit hast, noch einmal zurückzuschauen und die Dinge, die für dich selbst noch zu klären sind, in Angriff zu nehmen und friedlich zu lösen, dann nutze sie. Gehe auf keinen Fall mit Hass, Wut, oder verhärtetem Groll aus diesem Leben, denn sonst entstünden Schatten, die dich auch auf der anderen Seite begleiten würden.

Ziehe eine Bilanz deines Leben, und vielleicht magst du noch etwas sagen, schreiben oder aufnehmen, was auf deiner Beerdigung gelesen werden soll. Habe keine Angst, an deine Beerdigung zu denken oder auch darüber nachzudenken, wie mit deinem Körper verfahren werden soll. Deine Beerdigung wird der letzte große Eindruck, dein letztes Fest sein, das du hier auf Erden gibst, und sie darf auch heiter sein. Vielleicht fragst du Menschen, die du liebst, ob sie an diesem Tag über dich berichten oder deine letzten Gedanken verlesen wollen. Lass deinen Körper nicht von einem Menschen bestatten, der dich und dein Wesen nicht gekannt hat. Denke über deinen Tod hinaus. Sage ja zum Tod, und sei gewiss, dass du in Liebe und Licht empfangen wirst. Viele, die du aus diesem Leben kanntest, sind schon dort. Setze durch, dass du dort sterben kannst, wo du willst. Verfüge dies rechtzeitig. Es macht Sinn, sich bereits im prallen Leben mit diesem Thema auseinanderzusetzen. Während des Übergangs versuche, dich möglichst bewusst der Erfahrung zu stellen, nicht dich zu betäuben.

Ist Gott, wenn es ihn gibt, im Leben derselbe wie im Tod?

Ja.

Muss ich ein Tier einschläfern lassen, wenn es leidet, oder hat es diesen Weg gewählt und muss da durch, bzw. hat es ein Recht auf sein Leid, und ich muss es mit ansehen?

Es ist oft mein Leid, mein Mitleid, das ich nicht mehr ertragen kann – meine Angst vor dem Tod oder vor Siechtum, Krankheit und Schmerz. Grundsätzlich sollten wir immer versuchen, unserer Natur zu folgen und die Aufgaben, die sie uns stellt, anzunehmen. Ein Tier hat selten die Möglichkeit des Suizids. Wenn ein Tier will, dass wir ihm beim Übergang helfen, wird es uns das im Herzen deutlich machen. Ich sollte in diesem Fall ohne Schuldgefühle und Gewissensbisse zu meiner Verantwortung stehen. Ein Tier ist ein Lebensgefährte, mit dessen Hilfe viele unserer Selbsterfahrungsprozesse eingeleitet werden. Ein Tier reagiert meist unmittelbar auf unsere Handlungen und unseren psychischen Zustand. Wir sollten es nicht »entsorgen« oder »ausgrenzen«, wenn es nicht mehr »funktioniert«. Sonst wird die Erfahrung, die wir in diesem Fall nicht machen wollen, auf andere Weise an uns herantreten. Wenn man das Leid des Tieres nicht mehr ertragen kann, dann sollte man genau hinschauen, welche Botschaft unser Tier für uns hat und was es uns vielleicht gerade durch diese starke emotionale Erfahrung zeigen möchte.

Wie kann ich einem sterbenden Menschen helfen?

Ein sterbender Mensch braucht in erster Linie das Gefühl der Sicherheit, der Geborgenheit und der Zugehörigkeit. Die Wünsche, die er selbst äußert, haben Priorität. Es kann sein, dass der Sterbende gewisse Erfahrungen ausgrenzen möchte und zum Beispiel darum bittet, wenn die Belastung durch Schmerzen zu groß wird, Sterbehilfe in Form von Medikamenten und anderen Dingen zu bekommen. Hier kannst du sehr gut helfen, indem du für ihn da bist, ihn durch den Prozess begleitest, dabei solltest du jedoch deine eigenen Grenzen nicht überschreiten. Jeder ist nur für sich selbst verantwortlich. Übernimm auf keinen Fall Verantwortung für den Weg eines Sterbenden, sonst trägst du den Rest deines Lebens an dieser Last (Habe ich das Richtige getan?). Sei nicht traurig, wenn der geliebte Mensch gerade dann stirbt, wenn du nicht bei ihm bist. Das Sterben und das Loslassen sind sehr intime Angelegenheiten, noch intimer als die Geburt. Jedes Wesen hat ein Recht darauf, in diesem Augenblick mit sich selbst alleine zu sein und zu wählen, ob du oder jemand anderes dabei sein soll oder nicht. In der Regel ist es so, dass ein Mensch in deiner Gegenwart sterben kann, wenn du selbst bereit bist, loszulassen.

Wenn der Sterbende – ob bei Bewusstsein oder nicht – spürt, dass ein Teil von dir bereit ist, mit ihm durch die

Tür des Todes zu schlüpfen, kann er es nicht verantworten, dich in diesem Augenblick dabeizuhaben, denn dein Platz ist hier im Leben, du bleibst. Die Seele des Verstorbenen geht ihren Weg weiter. Und auch wenn ihr euch körperlich nicht mehr fühlen könnt, bleibt ihr energetisch in Kontakt. Nach dem Tod des geliebten Menschen ist es wichtig, dessen Körper noch vier Tage lang so zu belassen, wie er ist, damit sich die Seele mit den gemachten Erfahrungen aus dem Zellbewusstsein lösen kann. In dieser Zeit sollte im Umfeld Ruhe herrschen, und es sollte kontinuierlich eine Kerze brennen. Ist dies in der Klinik nicht möglich, dann sollte die Kerze im Haus oder im Zimmer des Toten brennen. Die Kerze sollte nicht alleine gelassen werden. Es ist wichtig, in dieser Zeit den Toten nicht festzuhalten, sondern ihm Liebe und Segen mit auf die Reise ins Licht zu geben. Wenn es nicht möglich ist, den Körper so lange liegen zu lassen, dann nimm ein Haar oder einen Gegenstand, zum Beispiel ein Kleidungsstück, einen Ring, an dem seine Energie noch haftet, und vollziehe mit diesem Gegenstand ein persönliches Ritual des Abschieds. Es wird beiden Parteien Frieden bringen. Wenn du willst, singe für den Toten (irgendwelche Lieder, alles, was dir in den Sinn kommt).
Grundsätzlich gilt: Der Tod sollte nicht ausgegrenzt werden, er ist Teil des Lebens. Einen würdigen Abschluss hat jeder verdient, egal welche Rolle er auf unserer Lebensbühne hatte. Die Wünsche eines Verstorbenen zu missachten bringt keinen Frieden für alle Parteien.

Sollte man Kinder zu Sterbenden lassen?

Kinder sollten bei einem Todesfall nicht ausgegrenzt werden. Ihre Trauer sollte genauso respektiert und geachtet werden wie die der Erwachsenen. Kinder haben zum Teil andere Formen der Trauer wie zum Beispiel Wut, Aggression, Clownspielen. Sie verarbeiten das Geschehen auf ihre Art und Weise. Kinder sollten im möglichen Rahmen einbezogen werden und in dieser Zeit Kraft und Sicherheit in ihrem Umfeld finden. Auch sind Gespräche über Leben und Tod wichtig, diese können ganz schlicht und einfach sein. Kinder sehen die Erwachsenen im Umgang mit einem Sterbenden oft nur handeln und bekommen nichts erklärt. Dies kann starke Ängste und falsche Rückschlüsse auslösen.

Wie reagieren Tiere auf das Sterben und den Verlust von Menschen?

Manche Tiere gehen seelisch mit durch das Tor des Todes, wenn ihr geliebter Mensch stirbt. Diese Tiere verweigern dann die Nahrung etc. In manchen Fällen gelingt es den Lebenden, diese Seele in Liebe wieder in das Leben zu führen, oder der ehemalige Besitzer schickt die Tierseele wieder zurück in das Leben. Manche Tiere übernehmen diese Begleit- und Wächterfunktion ganz automatisch und kehren dann ganz natürlich und von selbst in ihr weiteres Leben zurück. Es gilt grundsätzlich, die Trauer eines Tieres zu respektieren und zu akzeptieren. Das Tier braucht in der

Zeit nach dem Tod seines Menschen Ruhe, Verständnis und Fürsorge. Niemand sollte sich an dem Tier für dessen Verhalten rächen. Wenn sein Mensch im Sterben liegt, dann spürt das Tier, was passiert, und es sollte die Möglichkeit haben, dem Sterbenden nahe zu sein, wenn es das will. Ich ermutige euch, euch über Gebote und Konventionen in diesem Bereich hinwegzusetzen und das Tier, mit dem der Mensch seine letzten Jahre verbracht hat, in die Klinik oder das Altenheim mitzunehmen. Ist dies nicht möglich, gebt dem Tier ein Kleidungsstück oder etwas Persönliches des Sterbenden.

Engel

Engel sind Helfer in jeder Lebenslage,
nicht nur in der Not.

Welchen Nutzen haben Engel von der Zusammenarbeit mit uns?

Oft waren Engel einmal Menschen, und sie können es auch wieder werden. Der Unterschied zwischen ihnen und uns besteht darin, dass Engel die Gesetze von Ursache und Wirkung, denen wir auf der Erde unterliegen, durch die Verbindung zu uns ähnlich wie ein Mensch miterleben können. Dies ist für beide Seiten ein großes Geschenk. Sie können mental Situationen kreieren, die sich auch materialisieren. Wir verwenden sehr viel Energie, um unsere stoffliche Form zu halten, so nutzen wir 60 Prozent unserer Energie für den Verdauungsprozess. Weil wir Ursache und Wirkung auch materiell, stofflich erfahren, bewegen wir uns in einem begrenzten Rahmen. Für beide, Mensch wie Engel, ist es von Vorteil, miteinander eine »Arbeitsgemeinschaft« einzugehen, da wir uns in unserer Wahrnehmung ergänzen. Deshalb sollte man sich nie scheuen, seinen »Engelmitarbeiter« in Anspruch zu nehmen, denn dieser wächst auch durch uns an seinen Aufgaben. Auch der Engel wird uns an Aufgaben heranführen, die ihn weiterwachsen lassen. Es ist eine Symbiose, wie bei Blume und Biene.

Glaube

Der Glaube ist das Wissen um das Leben in seiner reinsten Form.

Was ist Gott?

Gott ist reine, vollkommene Liebesenergie ohne Bedingung und ohne Preis. Gott ist nicht verantwortlich für unser Tun, unser Handeln und unser Schicksal, denn das sind wir selbst. Gott ist eine Bewusstseinsform, und wir sind Teil dieser Bewusstseinsform. So wie die Bienen im Bienenstock eine Gemeinschaftsseele in der Bienenkönigin manifestieren, so sind auch wir ein Teil der göttlichen Energie. Wir senden unseren Energiekörper in diverse Existenzen aus, um Selbsterfahrung zu sammeln. Diese Selbsterfahrung nehmen wir nach Beendigung der jeweiligen Erfahrungsepisoden mit und führen sie zu unserem Ursprung zurück, sodass das göttliche Bewusstsein und auch unser Bewusstsein sich stetig neu selbst erfahren und zu unser aller Wohl wachsen und gedeihen können.

Warum gibt es unterschiedliche Glaubensrichtungen, wo doch nur eine die richtige sein kann, oder doch nicht?

K. K.: Die Glaubensrichtungen sind Ausprägungen ein und desselben Glaubens. Die universelle Wahrheit ist so einfach und doch so komplex. Wir Menschen können sie auf unserer jetzigen Bewusstseinsebene nicht in ihrem vollen Umfang begreifen. So sind die Glaubensrichtungen entstanden, die uns je nach Temperament und Prägung ermöglichen, einen Teil der Wahrheit zu sehen und leben.

Warum bekämpfen sich die Glaubensrichtungen?

K. K.: Das, was wir als Glauben kennen und erleben, ist nur ein kleiner Teil des Ganzen, sozusagen die Spitze des Eisbergs. Der Kampf ist der Versuch, Wahrheiten und Klarheiten für sich selbst und die anderen zu schaffen, wenn der nicht sichtbare Teil des Eisbergs, den man erahnt, Angst macht.

Warum kann/darf man als Gläubiger für seinen Glauben kämpfen und sterben?

K. K.: In unserer heutigen Zeit ist ein Kampf aus moralisch-ethischen Gründen immer aus tiefstem Herzen abzulehnen. Keine der großen Glaubensrichtungen sieht einen Kampf als gerecht an. Jedoch werden die Schriften sehr unterschiedlich ausgelegt, und so wird der Glaube vor den Karren selbst ernannter Führer gespannt, die diesen für eigene Zwecke missbrauchen.

Welcher Glaube ist der richtige für mich?

K. K.: Es gibt kein Richtig oder Falsch, sondern nur deinen Weg. Sieh einfach genau hin, mit welchem Glauben du dich wohlfühlst.

Was hat Glaube mit einer Institution wie der Kirche zu tun?

K. K.: Glaube hat nicht zwingend etwas mit Institutionen zu tun. Dennoch fällt es vielen Menschen leichter, ihre ureigene gewählte Richtung beizubehalten, wenn sie sich mit Menschen zusammentun, die auf dem gleichen oder zumindest einem sehr ähnlichen Weg sind. Auch begleiten viele Institutionen gemeinnützige Projekte, denn gemeinsam sind Menschen in der Lage, mehr Gutes zu tun, als ein Einzelner das könnte.

Wie kann ich glauben und in die Kirche gehen, bzw. wie kann ich glauben, ohne in die Kirche zu gehen?

K. K.: Ob dir der Glaube in der Gemeinschaft liegt oder ob du deinen Glauben für dich alleine zelebrierst, ist ganz alleine deine Entscheidung. Es ist eben eine Frage der Persönlichkeit, welcher der beiden Wege zum Glauben für dich mehr Vorteile bietet.

Heilungsmethoden

Alles, was sich im Körper manifestiert und was wir mit Heilmethoden unterdrücken, bleibt im Unterbewusstsein haften.

Was bringt die Anwendung von Heilungsmethoden?

Im Folgenden sind verschiedene Heilungsmöglichkeiten beschrieben. Diese sind sinnvoll miteinander zu ergänzen. Jedoch gilt es, Folgendes zu beachten: Genauso wenig, wie ich bestimmte chemische Substanzen mischen sollte, da sonst vielleicht ein gefährliches Gemisch entsteht, sollte ich auch nicht alle möglichen Therapiemethoden »raffen« und gleichzeitig anwenden. Das Resultat könnte das Gegenteil von dem sein, was ich mir davon versprochen hatte. Es ist besser, eine Methode ganzheitlich zu erfahren und dann mit einer erweiterten Methodik zu ergänzen zum Beispiel Medizin mit guter Ernährung und einer Körpertherapie, wie das auch bei guten Krankheitskuren geschieht. Gerade in Kliniken wird zum Beispiel häufig beobachtet, dass die Patienten völlig paradox auf die Behandlung reagieren, weil sie noch zig andere Tabletten zusätzlich einnehmen, die sie von zu Hause mitgebracht haben. Hier ist immer eine ehrliche Absprache mit den Behandlern anzuraten. Falls du Angst hast, dass dir etwas ausgeredet werden soll, höre erst einmal alle Argumente deiner Behandler an, und entscheide dann gemäß deiner Eigenverantwortung selbst. Es kann sich auch als gefährlich erweisen, bestimmte Nahrungsmittel mit bestimmten Medikamenten einzunehmen zum Beispiel Koffein und Schmerzmittel, da das Koffein die Wirkung des Schmerzmittels aufheben kann.

Welche Bedeutung hat unser Körper?

Unser Körper ist unser Lebensgefährte oder auch der Tempel unserer Seele. Wir sind multidimensionale, universelle Wesen. Wir verdichten Materie, die die Erde uns zur Verfügung stellt, derart, dass wir eine Form annehmen, die uns auf diesem Planeten lebensfähig sein lässt. Wir erfahren das wunderbare Geschenk unserer Sinne. Unser Körper erlaubt uns, zu fühlen und uns materiell wahrzunehmen. Aus Imagination wird materielle Realität – ein großes Geschenk. Unser Körper ermöglicht uns über die Reproduktion, unsere göttliche Schöpferkraft zu erfahren. Von Anfang an erleben wir durch die körperliche Entwicklung viele Metamorphosen und Bewusstseinszustände. Wir haben die Chance, andere Lebewesen in Körperlichkeit zu erfahren und uns mit ihnen auszutauschen.

Durch unseren Körper lernen wir, die Polaritäten wie Hitze/Kälte, Tag/Nacht, Schwäche/Stärke wahrzunehmen und uns zwischen den Polen einzuordnen. Unser Lebensgefährte will »gewartet« werden. Was wir bei unserem Auto für selbstverständlich halten, übertragen wir leider oft nicht auf unseren Körper. Wir haben Mühe, seine Sprache zu verstehen und seine Bedürfnisse zu erkennen, oder wir lassen uns von ihm beherrschen. Wenn er krank wird, missachten wir ihn und machen ihn selbst für seinen schlechten Zustand verantwortlich. Wir sollen ihn nicht als Waffe benutzen, um anderen zu schaden oder um Aufmerksamkeit zu erregen.

Wenn dein Körper mit Symptomen reagiert, ist schon lange etwas mit deiner Psyche in Unordnung geraten. Achte auf die Ursachen, und heile nicht nur die Symptome. Sie kommen sonst an anderer Stelle wieder durch. Betrachte deinen Körper nicht als deinen Feind, sondern mache ihn zu deinem Freund. Deine Einstellung zum Leben formt deinen Körper.

Welche Bedeutung hat unser Erdendasein?

Die Erde ist ein lebendiger Organismus, und wir sind mit unserem Körper ein Teil der Erde. Alles, was aufrecht steht und aufragt (Bäume, Berge, Menschen), dient der Erde als Sender und Empfänger, um mit dem Kosmos Informationen auszutauschen. So stehen wir der Erde für deren Bewusstseinsprozess zur Verfügung und haben gleichzeitig die Chance, eigenes Bewusstsein zu entwickeln und die Erde als Gesamtorganismus zu begreifen.
Neben der körperlichen Erfahrung haben wir auch die wunderbare Möglichkeit, Gefühle kennenzulernen und zu erproben. Das Ziel ist, Meisterschaft im Umgang mit den Gefühlen zu erlangen. Die Erde hilft uns, Karma zu begreifen, weil wir hier viel über das Gesetz von Ursache und Wirkung lernen dürfen. Auch wenn wir ihr zum Teil Schaden zufügen, betrachtet sich die Erde auch uns gegenüber immer noch als große Mutter, die ihren Kindern Lernerfahrungen gestattet, sonst wären wir alle längst nicht mehr hier. Wir können hier ebenfalls lernen, mit negativen und positiven Schwingungen umzugehen und deren Auswirkungen zu begreifen. Als Teil der Erde sind alle Lebewesen gleich viel wert und gleich willkommen, nur die Aufträge

sind unterschiedlich. Es ist lächerlich, unsere Form der Intelligenz als Maßstab zu setzen und ein Eichhörnchen als geistig beschränkt zu betrachten. Ein Eichhörnchen zerstört seine Umwelt nicht, es begreift sie und lebt in ihr. Davon sind wir noch weit entfernt. Es gibt unendlich viele Formen von Intelligenz, und wir sollten sie ohne Wertung betrachten. Arroganz ist Dummheit, das ist eine Tatsache, die für manche sehr mühsam zu begreifen ist.

Psyche

Deine Psyche ist dein Partner, der dich für die Möglichkeiten deines Lebens öffnet.

Was ist das mentale, geistige Prinzip?

Ohne dieses Prinzip wären wir nicht in der Lage, in die Zukunft zu projizieren und Ziele zu erreichen. Erst einmal brauchen wir einen Grund, eine Situation ändern zu wollen. Ein Beispiel: Du lebst mit deiner Familie in einer Wohnung, die euch zu eng geworden ist. Der Wunsch entsteht, sich räumlich zu verändern. Anfangs vergleichst du deine Situation mit der von anderen Menschen und siehst, dass es möglich ist, zu größerem Wohnraum zu gelangen – der erste Eckpfeiler ist gesetzt. Dies führt dazu, deinen Wunsch zu erweitern und dir ein Häuschen mit Garten zu wünschen. Je mehr du wünschst, je stärker du deinen Wunsch mit deinen Emotionen belegst, desto mehr zieht dich dieser Wunsch an und formt sich in deinem Inneren zu einer Realität. Nun zeichnest du dein Häuschen auf ein Papier. Du gibst deinem Ziel eine Form. Der zweite Eckpfeiler ist errichtet. Eckpfeiler Nummer drei: Du stimmst deinen Wunsch mit deiner Umwelt ab, das heißt, du gehst zur Bank, zum Architekten und findest dort Mitstreiter. Du »pflanzt« deinen Wunsch in diese Menschen ein, sodass sie dir mit ihren Fähigkeiten helfen, diesen zu realisieren. Ein Bauplan entsteht. Projiziere nun mental und emotional, wie du glücklich und zufrieden mit deiner Familie in diesem Haus wohnst. Je intensiver du dies tust, desto weniger Widerständen wirst du auf deinem Weg zum Ziel begegnen. Schließlich hast du es geschafft. Eckpfeiler Nummer vier: Du genießt es. Am Beginn stand deine Bereitschaft, an etwas Großartiges zu glauben und dir die Erlaubnis zu geben, dieses Ziel zu erreichen. Nur mit dieser Bereitschaft werden aus Kindern Erwachsene, aus Sportlern Olympioniken. Das mentale Prinzip lässt uns zu göttlichen Schöpfern werden. Deshalb überlege gut, was du dir wünschst, es könnte wahr werden. Wir sind in der Lage, unsere mentalen Kräfte positiv wie auch negativ zu nutzen, wobei die für einen negativen Zweck genutzte Energie genauso zu uns zurückkommt wie die zu einem guten Zweck genutzte Energie.

Was ist das emotionale Prinzip?

Du bist wie eine Harfe, deren Saiten zwischen den Polen der Dualität unseres Lebensraumes (Tag/Nacht, Hitze/Kälte, Liebe/Hass) gespannt sind. Die hohe Kunst besteht darin, dass du lernst, auf diesen Saiten deine eigene Melodie zu spielen, die von den anderen Harfen erkannt und anerkannt wird. Im günstigsten Fall können wir zu zweit oder im Orchester spielen, soweit jeder auf seinem Instrument geübt hat und es beherrscht. Wir sind hier, um im Umgang mit den Gefühlen Meisterschaft zu erlangen. Gefühle sind ein großes Geschenk, auch wenn sie uns manchmal extrem fordern. Die Abwesenheit von Gefühlen erzeugt Gewalt, Missbrauch, Grenzüberschreitung und rohes Handeln. Einzig das Geschenk der Gefühle ermöglicht es uns, in das Mitgefühl zu gehen, das heißt in einen Dialog mit dem Du zu gehen und somit eine Erweiterung der eigenen Möglichkeiten zu erreichen.

Was ist das energetische Prinzip?

In Versuchen hat man festgestellt, dass Menschen zum Zeitpunkt ihres Todes ein paar Gramm leichter werden. Die Schlussfolgerung daraus ist, dass diese wenige Gramm wohl das Gewicht unseres Energiekörpers und unserer Seele sind. Auch wenn alles um uns herum fassbar und greifbar scheint, so ist die Materie doch eigentlich eine Illusion. Betrachtet man ein Atom, dann erkennt man, dass es weitgehend leer ist. Um uns in der Unendlichkeit unserer Möglichkeiten zu begreifen, macht es Sinn, uns einmal als rein energetische Wesen zu begreifen. Wenn ich mich auf meine Körperlichkeit reduziere, nehme ich nur wenige Prozent meiner Möglichkeiten wahr. Wenn ich mich als energetisches Lichtwesen betrachte, habe ich die Fähigkeit, meine Existenz und mein Leben umfassend zu lenken und in die Eigenverantwortung zu gehen. Nur so kann ich den göttlichen Kern in mir begreifen.

Worin besteht die Bedeutung unserer Sinne?

Wir vergessen oft, dass wir nicht nur fünf, sondern sieben Sinne haben. Neben dem Sehen, dem Hören, dem Riechen, dem Schmecken und dem Fühlen haben wir einen Gleichgewichtssinn, ohne den unsere Wahrnehmung auf allen Ebenen verschoben wäre. Außerdem besitzen wir noch den siebten Sinn, dieser lässt uns energetisch wahrnehmen, auch unsere energetische Grenze. Wir kennen das alle, wenn man so ein komisches Gefühl im Nacken hat. Man dreht sich um und schaut dem Beobachter direkt in die Augen – das ist der Sinn für Gefahr, den jedes Fluchttier hat und über den auch wir Menschen verfügen.

Ist der Mensch ein Gruppenwesen?

Seit Beginn der Evolution war es immer sinnvoll, sich in Gruppen zusammenzuschließen, denn gemeinsam ist man stärker, man hat mehr Ideen und profitiert von den Überlebensstrategien der anderen. Dies war notwendig, da wir weder über ein dickes Fell noch über Krallen noch über besonders scharfe Zähne oder ähnliche Attribute verfügen. Bis zur Neuzeit wurden wir in der Regel nicht alt, weil Klimaveränderungen, Krankheiten oder Kriege die Menschen früh sterben ließen. Der Zusammenhalt sicherte das Überleben und förderte die soziale Kompetenz, die zum Fortbestehen der Menschheit unabdingbar war. Heute sind wir im Zeitalter der Individuation. Dies bedeutet nicht, dass sich jeder wie ein kleiner Chef fühlt und nur noch über den anderen herrschen will. Wir werden heute deutlich älter, leben unter viel sichereren Umständen, und jeder hat die Möglichkeit, sich in Absprache mit der Gemeinschaft sein eigenes kleines Reich aufzubauen. Wir leben sozusagen wie die Katzen in individuellen, lockeren Territorien. Aus homöopathischer Sicht (nach Peppler) ist die Pockenimpfung an dieser Entwicklung »Schuld«. Das Impfserum stammt nämlich von der Kuh – das symbolische Muttertier. Bin ich nun gegen das Muttertier geimpft, kann ich es mir erstmals in der Menschheitsgeschichte leisten, meine

Mutterbindung infrage zu stellen. Hieraus haben sich viele Therapieformen entwickelt, die es uns erlauben, einerseits unseren familiären Hintergrund zu beleuchten und aufzuarbeiten und andererseits in sogenannte Wahlverwandtschaften zu gehen. Dies bedeutet, dass ich nicht zwangsweise nur unter den Verwandten wählen muss, sondern mir für meine jeweiligen Wege und Ziele die Gefährten aussuchen darf, die dem gleichen Prinzip folgen. Dies wiederum führte dazu, dass wir unsere Ziele schneller erreichen, gekoppelt damit, dass wir mehr kreative Lebenszeit haben. Grundsätzlich gilt noch: »Blut ist dicker als Wasser«, das heißt, in wirklichen Notzeiten sind uns bis auf ein paar wirklich bewährte die meisten Freundschaften gleichgültig, und wir besinnen uns auf die Genverwandten, also unsere Familie. Es wird erst einmal der eigene Genpool gerettet. Hierzu gibt es zahlreiche Untersuchungen. Wir sind in der glücklichen Lage, aus beiden Entwicklungsfeldern schöpfen zu können, wobei der Trend, auch gesellschaftlich betrachtet, immer mehr weg von der Familie und hin zur Wahlverwandtschaft geht.
Für dich bedeutet das, dass du dir die Freiheit nehmen kannst, dir deine eigenen Weggefährten zu suchen, wobei Missbrauch sowohl für dich als auch für andere ausgeschlossen sein sollte. Das oberste Gesetz in jeder Gemeinschaft heißt immer: Wenn du nimmst, gib etwas, bis der Ausgleich geschaffen ist. Das lässt dich selbst unabhängig bleiben. Falsch verstanden wäre dieses Gesetz jedoch, wenn Eltern von ihren Kindern verlangen würden, dass diese die in sie investierte Fürsorge eins zu eins zurückgeben müssten. Das Kind ermöglicht den Eltern mit

seinem Leben, ihre Gene weiterzugeben, und es sollte im Idealfall das Gute, das es empfangen hat, an die eigenen Kinder weitergeben. Dies kann man sich als Kaskade des Lebens vorstellen, also einen Wasserfall mit Stufen, wobei jede Stufe eine Generation ist und von der vorhergehenden versorgt wird. So wie in einem Wasserfall das Wasser nicht rückwärts fließt, sollten wir auch niemals die Eltern unserer Eltern werden und für sie sorgen, sondern wir geben das Erhaltene an die nächste Generation weiter. Wenn ich mich im Leben nicht gut versorgt fühle, sollte ich die Beziehung zu meinen Eltern klären und nicht von meinen Kindern erwarten, dass sie mich in irgendeiner Form versorgen. So gerate ich wieder in den natürlichen Lebensfluss und in die natürliche Versorgung. Hast du etwas geschenkt bekommen, wofür keine Gegenleistung erwartet wird, dann denke das nächste Mal daran, wenn du etwas gibst, um das dich jemand gebeten hat, es nicht mit einer Gegenleistung zu verknüpfen.

Für das Überleben der Gemeinschaft ist es immer wieder wichtig, Sonderlinge und Andersdenkende nicht grundsätzlich auszugrenzen, sondern sie anzuhören und wenn nötig zu fördern. Es sind Menschen, die mutig ihren eigenen Weg gehen und neue Horizonte erschließen, was allen zugutekommt. Werden solche Menschen ausgegrenzt oder gar eliminiert, führt dies zum Verfall und schließlich zum Untergang der Gesellschaft. Das Gleiche gilt für Menschen anderer Herkunft, anderer Rassen, denn nur Genvermischungen ermöglichen es, dass unsere Körper auf Dauer anpassungsfähig, robust und stabil bleiben. Wer andere isoliert, isoliert sich selbst. Freue dich über die große Vielfalt auf dieser Erde. Sie ist das köstliche Buffet des Lebens.

Schwingungen

Schwingung ist die Melodie des Lebens.
Alles schwingt, alles kommuniziert. Alles, was lebt,
befindet sich in kommunizierender Schwingung.

Warum braucht es Schwingungen?

Schwingungen bedeuten Kommunikation. Die Kunst besteht darin, wenn zwei Wesenheiten dasselbe Ziel haben, die gegenseitige Schwingung symbiotisch oder ergänzend in Einklang zu bringen.

Was ist eine negative Schwingung?

Das ganze Universum, einschließlich uns, besteht aus Schwingungen auf unterschiedlichen Energieniveaus. Es gibt keine schlechten oder guten Schwingungen per se. Eine Schwingung, die sich deutlich von unserer eigenen und von der unseres Ziels unterscheidet, kann subjektiv als wohltuend und förderlich oder als negativ und infrage stellend, ob ich wirklich mit meinem Ziel eins bin, erlebt werden. In unserem individuellen Lernprozess sind beide Schwingungsformen wie Licht und Schatten notwendig, um unserem freien Willen die Wahl über unsere Entwicklung zu überlassen.
Viele der sogenannten negativen Schwingungen entspringen aus uns selbst, werden von uns selbst im Außen fixiert und dienen uns so als Spiegelbild unseres eigenen Schattens, das heißt, dass genau die Anteile, die nicht in unser positives Selbstbild passen, die wir aber in uns tragen, auf Begebenheiten und Personen projiziert werden. Wir erzeugen diese Bilder aber selbst. Ein Beispiel: Ein ökologisch bewusster Mensch regt sich immer wieder über oberfläch-

liche, scheinbar unbewusst lebende, verschwenderische Personen auf, denen es nur um die Form, nicht um den Inhalt geht. In einem solchen Fall sollte man sich fragen, wie viele dieser Verhaltensweisen sinnvollerweise auch im eigenen Leben einen Platz finden sollten, um nicht zu dogmatisch zu werden und nicht selbst in einen inneren Mangelzustand zu geraten. Es ist immer wichtig, ausgewogen zu leben und sich regelmäßig und ohne schlechtes Gewissen ein Ausbrechen aus der gewohnten Form zu leisten und sich auch dabei anerkennend und liebend zu betrachten. Wenn wir das Gefühl haben, eine Person oder eine Situation zieht uns in eine negative Schwingung, dann sollten wir überlegen, wo wir uns selbst unerwünschte Gefühle verbieten. Alles, was im Außen geschieht, habe ich selbst eingeladen.

Wie komme ich in eine positive Schwingung (Instrumentarien und Hilfsmittel)?

Wenn ich bereit bin, mich und mein Leben zu genießen, wenn ich mich selbst annehme und anerkenne, mich liebe und lieben lasse, für mich selbst die Verantwortung übernehme, ergibt sich automatisch eine positive Schwingung, die sich in Freude, Leichtigkeit, wachen Sinnen, Glückseligkeit, sogar Ekstase oder Erleuchtung ausdrücken kann. In welcher Situation wir uns auch immer befinden, es ist immer möglich, einen Samen der Freude darin zu finden und diese Freude wachsen zu lassen, bis sie die Schatten vertreibt. Oft haben wir das Gefühl, dass etwas ganz Besonderes geschehen müsste, damit es uns wieder besser ginge. Die klassische Varianten sind: ein Sechser im Lotto, der Traumpartner, der Traumurlaub, der Traumjob. Alle diese Wünsche beziehen sich meist auf Illusionen, werden selten real. Probiere stattdessen etwas anderes: Schaue zum Beispiel direkt vor deine Füße, oder betrachte dein nahes Umfeld. Du könntest einen Marienkäfer in der Ecke deines Fensters sehen, den du sonst nicht beachtet hättest, und eine enorme Glückseligkeit empfinden, denn seine Botschaft würde lauten, dass dir Glück zusteht und du es finden wirst. Wenn du auch bereit bist, es anzunehmen, wird es in deinem Leben erscheinen, und du solltest es nicht am Wegrand liegen lassen, nur weil du auf eine Illusion fixiert bist. Wenn ich im Kleinen nicht wahrnehme, werde ich das Große nicht erkennen. Glück lässt sich immer im Hier und Jetzt und in allem finden, was dich genau an diesem Ort umgibt.

Unterbewusstsein

Dein Unterbewusstsein ist ein Universum für sich,
in dem es keine Wertung gibt.

Welche Bedeutung hat das Unterbewusstsein?

Unser Unterbewusstsein ist das Sammelbecken für unsere gesamte persönliche Geschichte, für alle Bilder, Emotionen und Geschehnisse, die wir durch unsere körperlichen und außerkörperlichen Sinne wahrnehmen. Das Unterbewusstsein unterscheidet nicht zwischen unserer Realität und unserer Fantasie. Alles ist gleichwertig archiviert. Jeder Film, den du dir ansiehst, jedes Buch, das du liest, wird vom Unterbewusstsein auf der gleichen Ebene betrachtet wie deine ganz persönlichen Erfahrungen mit deiner Umwelt. Dem Unterbewusstsein ist es egal, ob du körperlich beteiligt bist oder nur mental/emotional, es empfindet alles als Wahrheit, auch wenn der Verstand sagt, dass das doch nur ein Film, ein Computerspiel etc. sei, dein Unterbewusstsein legt diese Erfahrungen als »tatsächlich erlebt« ab. Somit sollten wir sehr darauf achten, womit wir unser Unterbewusstsein »füttern«.

Um unsere Grenzen zu umgehen und direkt manipulativ in das Unterbewusste eines Menschen einzudringen, genügt es, ihn dazu zu bringen, den Blick nach oben zu richten. Der »Zensor«, der noch einen gewissen Filter, bestehend aus unserer verstandesmäßigen Überprüfung der Realität, darstellt, wird so beiseitegeräumt. Wer Macht über andere haben will, egal aus welchen Gründen, weiß das zu nutzen. Ihr kennt alle die Kanzel in der Kirche, Diktatoren auf Rednerbühnen oder Musiker mit manipulativen Texten, die ihre Botschaft wie über eine Rutschbahn direkt in unser Unterbewusstsein befördern. Dass das funktioniert ist wissenschaftlich erwiesen. Wenn ein Erwachsener nicht auf Augenhöhe mit seinem Kind geht, gelangen über diese Rutschbahn auch sämtliche Projektionen, die er selbst hat, in das Unterbewusstsein des kleinen Menschen. Wer kennt das nicht? Du hast einen schlechten Tag, fühlst dich unwert und bist unzufrieden mit dir selbst. Dein Kind bestätigt durch sein Tun noch deine Annahme, und es schießt spontan aus deinem Mund: »Wenn du so weitermachst, wird nie was aus dir.« Wenn dein Kind in diesem Augenblick emotional stark beteiligt ist, kann dies zu seinem Lebensmotto werden. Ein Loser oder Workaholic kann so aus ihm werden. Deshalb: Wenn du etwas Wichtiges zu sagen hast, bemühe dich darum, es nicht mit negativen Emotionen zu vermengen, sondern achte darauf, dass dein Kind dir ruhig zuhören kann. Das gilt für alle mitmenschlichen Beziehungen und Gespräche.

Von Geburt an hat jeder von uns einen wunderbaren inneren Garten, in dem alle Samen für ein erfülltes Leben in der Erde ruhen und durch unser positives Denken zum Keimen und Blühen gebracht werden. Nehmen wir jetzt negative Projektionen von unserer Umwelt in unser Unterbewusstsein auf, dann ist das so, als ob die erste Person Müll in unseren Garten geworfen und man das übersehen hätte. Der Nächste, der vorbeigeht, sagt sich: »Oh, da liegt ja schon Müll, dann kann ich meinen gleich dazuwerfen.« Und im Nu ist der innere Garten eine Sondermülldeponie. Hier hilft es dir nicht, mit deinem wachen Verstand hundertmal positive Informationen zu sprechen oder zu denken. Diesmal hält dein »Zensor« dicht, denn auch er ist mittlerweile so programmiert, dass er mit Freuden Müll annimmt. Du be-

nötigst eine leichte Trance oder eine leichte Hypnose, um deinen »Zensor« schlafen zu legen. Dann erst können positive Glaubenssätze in deinen inneren Garten kommen und dort heilend wirken. Es ist, als ob Licht, Sonne, Dünger und Regen in deinen inneren Garten gelängen. Deine Samen, sprich deine Anlagen, beginnen zu keimen und zu blühen, das Unkraut wird verdrängt.
Wenn du Mantras singst oder mithilfe eines Rosenkranzes betest, dann sollen dich die ständigen Wiederholungen in eine Selbsttrance führen und die positiven Inhalte in dein Unterbewusstsein schleusen. Also bedenke, womit du dein Unterbewusstsein »fütterst«, es könnte deine Realität werden. Für unsere Kinder sind Computerspiele schon lange Realität. Der Schritt zum tatsächlichen Krieg ist nur sehr klein, weil es im Unterbewusstsein keinen Unterschied zwischen Computerwirklichkeit und gelebter Realität gibt. Das Unterbewusstsein wertet nicht, es nimmt alles für wahr, was eingespeist wird. So wurden zum Beispiel in Rio Straßenkinder mit Computerspielen »scharf« gemacht und dann auf die Ermordung von Personen angesetzt. Die Kinder betrachteten das Töten von realen Personen als Erweiterung des Spiels, die Erwachsenen suggerierten den Kindern, dass ihr Handeln in Ordnung sei. Was ich hier schreibe, gilt nicht nur für Kinder, auch viele Jugendliche und Erwachsene verlieren den Blick für die Realität, die Übergänge werden fließender, die Verantwortlichkeit für das eigene Tun nimmt ab. Deshalb: Willst du friedlich altern, »füttere« dich und deine Kinder mit lebensbejahenden, kräftigenden, positiven Inhalten. Sprich mit ihnen auf der gleichen Ebene, denn es geht um unsere Zukunft.

Wir erschaffen täglich die Welt von morgen. Deinen inneren Garten aufzuräumen steht für dich am Beginn jeder Therapie.

Programmierungen

Jedes Wesen ist programmierbar und programmiert sich selbst. Im Computerzeitalter haben wir diesen Prozess sichtbar gemacht.

Was meinst du, wenn du von Programmierungen sprichst?

Das Leben sagt fortwährend und grundsätzlich »Ja!«. Wenn das nicht unsere Grundprogrammierung wäre, gäbe es keine Evolution. Ein Nein wird erst später erlernt und zwar über den Verstand, deshalb sollte man Kinder nicht mit Neins »füttern« und sich dann darüber ärgern, dass das Kind die Empfehlung über ein Nein nicht ausführt. Ein Beispiel: »Fasse nicht auf die heiße Herdplatte!« kommt beim Kind, welches das Nein noch nicht verinnerlicht hat, wie der Befehl »Fasse auf die heiße Herdplatte!« an. Wie magisch angezogen wird das Kind genau das tun, was es nicht soll, und macht nicht nur eine schmerzhaften Erfahrung, sondern wird meist auch noch von den Eltern gescholten. Der Befehl wird wiederholt: »Ich habe dir doch gesagt: Fasse nicht auf die heiße Herdplatte!«

Tiere lassen sich grundsätzlich nicht auf die Erkennung eines Neins programmieren, es ist dann höchstens der Tonfall, der vermittelt: »Stopp! Hier ist die Grenze.« Dies gilt auch für das gedachte Nein. Grundsätzlich sollten wir uns zur Erziehung und Selbsterziehung besser des lebensbejahenden Prinzips bedienen. Wir würden uns viel Stress ersparen, wenn wir negatives Verhalten »löschen« würden, das heißt, wenn wir so tun würden, als würden wir es gar nicht registrieren (so gewöhnt man Hunden das Bellen ab), und erwünschtes Verhalten loben. So erreicht man nämlich das Unterbewusstsein der Mitlebewesen am effektivsten. Versuche also, dich positiv auszudrücken, dann wirst du den größten Effekt erzielen. In unserer Nein-Gesellschaft ist dies anfänglich mit einem bewussten Kraftakt verbunden. Wenn du deinen täglichen Sprachgebrauch überprüfst, wirst du dich wundern, wie oft du ein Nein verwendest und du dich damit unbewusst genau auf das programmierst, was du vermeiden willst. Ich hatte und habe täglich mit Menschen zu tun, die sich Zwänge und negative Sichtweisen abgewöhnen möchten, sich tatsächlich aber immer mehr darauf programmieren. Ein Beispiel: »Ich will nicht mehr rauchen.« Das »nicht« wird nicht wahrgenommen. Die Information, die bestehen bleibt, heißt: »Ich will mehr rauchen.« So lässt sich der Zigarettenkonsum innerhalb von ein paar Wochen mühelos um das Vierfache steigern. Formuliere positiv, und sage dir stattdessen lieber: »Ich will suchtfrei sein«, oder »lösche« dein Verhalten, indem du es als unwichtig in deinem Leben betrachtest. Sage dann: »Rauchen ist mir gleichgültig.« Schreibe einmal deine Glaubenssätze auf, und versuche, sie in eine Ich-bin-Formel zu packen, das holt sie ins Hier und Jetzt, in deine Mitte, formuliere sie positiv. Der Erfolg wird dich überwältigen. Wenn du sagst: »Ich werde …«, dann trägst du den Erfolg wie eine Karotte an der Angel vor dir her, du kommst nicht in den erwünschten Zustand. Viele beginnende Krankheiten lassen sich abwenden, indem du dir sagst: »Ich bin gesund.« So wird sich dein Körper mehr auf seine Ressourcen als auf seine Defizite konzentrieren. Dasselbe gilt für dein geistiges Prinzip (lernen) und dein mentales Prinzip (Ziele erreichen). Wenn du bei beginnender Krankheit nicht sagen kannst: »Ich bin gesund«, weil du es dir selbst nicht glauben würdest, reicht es aus, über das

Wort »Gesundheit« und was es für dich bedeutet intensiv nachzudenken (meditieren). Für alle Programmierungen gilt: Steter Tropfen höhlt den Stein.

Wasser

Wasser ist das Gedächtnis der Erde.

Welche Bedeutung hat Wasser für jeden von uns?

Eines Tages kollidierte ein großer Eiskomet mit der Erde, wobei der Mond abgesprengt wurde. Die Erde kühlte ab, und es wurde ein Klima/eine Aura erschaffen, in der organisches Leben gedeihen konnte … Ob das nun wirklich alles wahr ist, können wir nicht beweisen. Fest steht, dass die Erde einen flüssigen, heißen Kern hat, bedeckt ist von Wasser und Kruste, wir ein Klima haben und eine Aura, die uns schützt, und sich in diesem Kontext Leben entwickeln konnte. Meiner Ansicht nach ist die Erde der Planet, auf dem wir lernen können, Meisterschaft im Umgang mit unseren Gefühlen zu erlangen. Während im Universum Grundtöne herrschen, verbindet sich hier auf der Erde alles zu einer großen Symphonie, in der wir alle bestrebt sind, unseren Platz zu finden.

Welche Rolle spielt also das Wasser?

Unser Körper besteht zu 70 bis 80 Prozent aus Wasser, welches wir ständig zu uns nehmen und wieder ausscheiden. Wasser ist meiner Ansicht nach der globale Informationsträger. Denn im Wasser sind alle Informationen gespeichert, das heißt, das Wasser, das ich zu mir nehme, ist zum Beispiel vorher durch den Körper einer Maus, durch eine Gurke, ein Felsengestein, einen Sauerampfer und eine afrikanische Mutter geflossen. Das Wasser als Trägersubstanz beinhaltet alle gesammelten Informationen – gefiltert oder ungefiltert – dieser Lebewesen und Dinge. Ich selbst habe die Wahl, einerseits von diesen Informationen und Emotionen anzunehmen, was mir gerade zuträglich ist, und andererseits eigene Informationen, Emotionen und Reaktionen aus meinem eigenen System in den großen Kreislauf abzugeben. Meiner Ansicht nach ist, seit es Leben auf der Erde gibt, jeder Tropfen Wasser schon einmal durch jede Form von Organismus, der hier existiert, geflossen, das heißt, Wasser ist unser natürliches Internet. Der Wind hilft, die Information des Wassers von einer Region in die nächste zu verbreiten, auch der Mond hilft hierbei durch seine Gezeiten. Über die Aufnahme und Abgabe von Wasser habe ich die Möglichkeit, jederzeit an viel reichere Informationen zu kommen, als ich sie jemals durch eigene Erfahrung sammeln könnte. Wir alle auf der Welt haben ein Recht auf Wasser, das heißt auf kostenfreie, lebendige Information. Deshalb ist es so wichtig, möglichst »lebendiges« Wasser zu uns zu nehmen, Wasser, das »ungezähmt« ist.

Materie und Reichtum

Das Bewusstsein und die Bewertung von Materie und Reichtum ergeben sich aus dem jeweiligen Kontext, in dem ein Mensch lebt. Es existiert kein allgemeingültiges Maß dafür.

Welche Rolle spielen Materie und Reichtum?

Meinen Erfahrungen und Beobachtungen nach, die ich in unserer Gesellschaft gesammelt habe, definiert sich das Materiebewusstsein eines Menschen anhand von drei Aspekten:

- ✧ Religion (die Rückbindung an ein individuelles oder gesellschaftliches Glaubenssystem mit allen moralischen oder unmoralischen Grundwerten)
- ✧ Gesellschaft (Als welcher Teil in welchem Kontext erlebe ich mich? Wo orte ich mich in dem System, in dem ich lebe?)
- ✧ Selbstwert (Welchen Wert schreibe ich mir/schreiben mir die anderen in diesem Kontext zu?)

Dies alles zusammen ergibt eine Ich-Identität, in der ich mich materiell wahrnehme. Diese Ich-Identität muss mit der äußeren Identität nichts gemeinsam haben. So geschieht es, dass ich mich subjektiv, in welchem Kontext auch immer, als arm oder reich einstufe, egal wie ich von der Gesellschaft wahrgenommen werde. Reichtum wird völlig unterschiedlich wahrgenommen, denn jeder ist eine einmalige Ausgabe der Natur und hat einen ganz individuellen Blickwinkel. Hilfreich ist immer, den Reichtum im Inneren zu entdecken. Je mehr ich mir erlaube, dort fündig zu werden, desto eher finde ich in der äußeren Realität die Entsprechung meines individuellen Begriffes von Materie und Reichtum wieder.

Therapie

Nur der ausreichende Abstand lässt uns das Ganze erfassen und ermächtigt uns zum sinnvollen Handeln.

Wann ist professionelle Hilfe anzuraten?

In allen Situationen, in denen du nicht in der Lage bist, deine natürlichen Fähigkeiten und Fertigkeiten vorteilhaft einzusetzen, oder die so lange andauern, dass sie dich zermürben, zu viel Kraft kosten, deinen Tagesablauf bestimmen, dich beherrschen, solltest du deinen Blickwinkel erweitern und dich nicht schämen, Hilfe in Anspruch zu nehmen. In der Regel sind Familienangehörige und Freunde sicherlich gute Ratgeber, nur werden sie dir stark durch eigene Situationen geprägte Hilfen anbieten. Dies kann dazu führen, dass du dich noch belasteter fühlst. Es kann auch dazu führen, dass sich die dir nahestehenden Menschen überfordert oder missbraucht fühlen, wenn die Situation länger andauert. Eins steht fest: Mir nahestehende Menschen können niemals meine Therapeuten sein, weil beiden Parteien die gesunde Distanz, die einen erweiterten Blick ermöglicht, fehlt. Zu viel von einer Person zu wissen verengt den Blickwinkel. Zu allen Zeiten haben Menschen sich Hilfe geholt. Das liegt in unserer sozialen Gemeinschaftsform. Wenn es Probleme mit deinem Auto gibt, bringst du es auch in die Werkstatt, wo sich Fachleute damit auseinandersetzen. Und nichts anderes bedeutet es, wenn du dir für deine Psyche, deinen Geist, deinen emotionalen Bereich Fachleute holst. Du hast recht, wenn du denkst, dass sich viele Dinge auch alleine lösen lassen. Wir haben ja natürliche, gesunde Hilfsmittel zur Verfügung, als da sind Schlaf, Ernährung, Bewegung etc. Es ist nur die Frage, wie lange und mit welcher Intensität du an deinem

Problem herumlaborieren willst und wie viel Raum es in deinem Leben einnehmen soll. Mithilfe einer Fachperson aktivierst du deine Selbstheilung. Du machst dir deine persönliche Lage begreifbarer, außerdem erhältst du einen Verbündeten in der eigenen Sache.

Eigenbild versus Fremdbild, was stimmt?

Man soll sich nicht abhängig machen von der Meinung anderer, aber auch nicht von der eigenen vorgefassten Meinung. Es ist sinnvoll, die Selbstwahrnehmung immer mal wieder im Außen zu überprüfen. So mancher fühlt sich innerlich nichtssagend und klein, wird aber im Außen als dominant und kühl wahrgenommen. Wie kommt das? Es ist die unbewusste Abwehrhaltung gegenüber den Mitmenschen, damit sie nicht wahrnehmen, dass man sich klein und nichtssagend fühlt. Viele Missverständnisse entstehen hier, weil man sich nicht richtig erkannt und angenommen fühlt. Es ist gut, wenn man den Mut hat, alle seine Anteile, möglichst ohne zu werten, anzunehmen, denn somit erlaubt man es seiner Umwelt auch. Als soziales Wesen, das man ist, ist es unbedingt notwendig, sich in der Gemeinschaft zu spiegeln, um zu einem möglichst objektiven Bild seines Selbst zu kommen.
Schreibe einmal auf, was du als deine positiven und negativen Eigenschaften empfindest. Bitte auch Menschen, die du gut und nicht so gut kennst – auch Kinder –, um eine Aufzählung deiner Merkmale, und sammle erst einmal alles, ohne zu werten. Habe den Mut, alles, was kommt,

anzunehmen – positiv wie auch negativ –, und setze dich mit deinen Eigenschaften auseinander. Schicke das, was andere eindeutig durch ihre eigene Brille auf dich projiziert haben, zurück an den Absender. Beschäftige dich mit allem, womit du innerlich in Resonanz – positiv wie negativ – gehst. Erlaube dir, dich wie ein Mosaik zu betrachten, ein einzigartiges Gesamtkunstwerk. Oft fällt es uns genauso schwer, das Positive zu betrachten und anzunehmen wie das Negative. Atme einmal alle gesammelten Informationen in dich ein. Nimm wahr, wie du dich jetzt fühlst, und dann sage so lange laut »Ich bin ich«, bis es sich kraftvoll anhört. Gehe mit diesem Gedanken, mit diesem Gefühl unter Menschen, und du wirst erkannt und anerkannt werden als und für das, was du bist.

Angst

*Angst ist die illusionäre Verkennung
der Wirklichkeit, Furcht bezieht sich auf
ein reales Objekt, eine reale Situation
und befähigt uns zum Handeln.*

Was ist der Unterschied zwischen Angst und Furcht?

Angst entsteht durch eine Vorstellung von etwas, was geschehen könnte. Furcht dagegen ist eine Reaktion auf eine reale lebensbedrohliche Situation. Würde ich im Wald auf eine Bärin mit ihren Jungen treffen oder auf ein Rudel Wildschweine, dann wäre mit einer Attacke zu rechnen, und ich täte gut daran, mich schnellstmöglich unauffällig zurückzuziehen. Furcht macht Sinn. Angst entsteht oft durch das Fehlen eines gesunden sozialen Kontextes. Die daraus resultierende Unsicherheit und Beeinflussbarkeit kann mich zum Opfer von Manipulationen machen. Allein die täglichen Zeitungsüberschriften suggerieren mir, dass die Welt da draußen grausam, wild und gefährlich ist und der Mensch an sich schlecht. Das, worüber berichtet wird, ist oft einseitig dokumentiert, aufgebauscht oder frei erfunden, setzt sich jedoch in meinem Unterbewusstsein fest. Ich lese also: Krieg bedroht die Menschheit. Tatsächlich aber findet an meinem Lebensort kein Krieg statt. Ich wurde noch nie verhaftet, zusammengeschlagen oder beraubt. Im Gegenteil: Für mich scheint die Sonne, ich lebe in Sicherheit, meine Mitmenschen mögen mich. Das ist meine Realität. Plötzlich sehe ich in einem Schaufenster ein Messer, schon öffnet sich der Deckel des Unterbewusstseins und verknüpft das, was ich sehe, mit der Information von Gewalt und Krieg, die ich über die Zeitung aufgenommen habe. In mir stehen sich zwei Informationen gegenüber: eine für mich reale und eine für mich irreale. Fatalerweise verknüpfen sie sich miteinander, und ich schleiche misstrauisch und ängstlich weiter, sehe in meinen Mitmenschen plötzlich eher Feinde als Freunde, versinke in dem Gefühl, bedroht zu sein. Der Rest des Tages ist gelaufen. Die illusionäre Verkennung der Realität kann sich dermaßen steigern, dass wir unserer Angst völlig ausgeliefert sind, dass sie uns lähmt und wir uns vielleicht das Leben nehmen. Was ist also zu tun? Bei jeder Form von Angst ist es wichtig, genau im Hier und Jetzt zu sein, die Selbstwahrnehmung zu schärfen. Ein Beispiel: Du hast generell Angst vor Menschen entwickelt – eine soziale Phobie –, musst aber einkaufen gehen. Lege erst einmal ein ganz konkretes Ziel fest, stelle dir dabei keine Menschen vor, sondern konzentriere dich auf deine Einkaufsliste, auf das, was du real im Hier und Jetzt benötigst. Dann überlege dir den Weg. Blende auch dabei die Menschen aus. Dann nimm wahr, was du in diesem Augenblick gerade tust. Ein Beispiel: Ich sitze auf einem braunen Küchenstuhl an einem Holztisch, auf dem eine Tischdecke mit Blumenmuster liegt. Vor mir liegt die geschriebene Einkaufsliste, und ich habe mir gerade den Weg zum Geschäft hin und zurück überlegt. Meine Ellenbogen sind auf den Tisch gestützt. Ich atme flach, mein Herz klopft. Gibt es in diesem Raum irgendetwas, das mich bedroht? Nein, es gibt nur mich. Wenn ich mich also hier von etwas bedroht fühle, dann bin ich es selbst. Was tun? Ich konzentriere mich auf meine Atmung, vertiefe sie, nichts anderes zählt. Ich richte ein paar liebevolle Gedanken an mich, klopfe mir dann auf die Schulter und bringe den Mund in eine lächelnde Position, auch wenn mir gerade nicht danach zumute ist. Das Lächeln reicht aus, um meinen Körper Glückshormone ausschütten zu lassen. Dann sehe ich mich im Raum um und suche mir einen Gegenstand, der mir Sicherheit vermittelt, aber ohne für mich oder andere gefährlich zu sein. Dieser Gegenstand wird mich durch die Situation, die nun auf mich zukommt, begleiten. Jetzt wende ich mich in sogenannten Babyschritten meinem geplanten Vorhaben, einkaufen zu gehen, zu. Ich spiele in Gedanken die Begegnungen und Situationen auf dem Weg Schritt für Schritt durch. Zum Beispiel: Ich treffe Frau Hoffmann, meine Nachbarin, auf dem Flur. Erste Reaktionsvariante: Angst. In Gedanken schaue ich mir Frau Hoffmann genau an und nehme auch genau wahr, wo ich stehe, in welchem Kontext ich mich befinde. Ich stelle mir eine Farbe für meine Angst vor, zum Beispiel Giftgrün. Ich friere die Situation in Gedanken ein, und mit jedem tiefen Ausatmen schicke ich giftgrüne Angst über die Fußsohlen aus mir hinaus. Dann überlege ich mir, was wohl das Gegenteil von diesem Giftgrün sein könnte und welches Gefühl oder welcher Zustand dazugehört. Es könnte zum Beispiel Selbstsicherheit, Gelassenheit oder Freude sein. Auch dafür wähle ich eine Farbe und atme sie ein, bis meine Symptome verschwinden. Dann lasse ich den Film weiterlaufen, blicke Frau Hoffmann in die Augen und versuche es mit einem Lächeln. Es gilt immer Folgendes: Vermeide nicht, sondern schaue hin, konfrontiere dich immer wieder damit, und nimm wahr, was tatsächlich ist. Die Angst ist lediglich eine Illusion. Je mehr Situationen du sammelst, desto mehr Erfolgserlebnisse hast du und kehrst in die Realität zurück, in der du etwas manifestieren kannst. Wenn du in deiner Vorstellung nun deinen ganzen Weg hin und zurück geübt hast, dann gehe ihn auch tatsächlich. Lass deine Gedanken nicht vorauseilen, sondern bleibe immer im Hier und Jetzt. Mache dir keine Gedanken darüber, wie andere Leute dich sehen könnten. Vielleicht haben sie genauso viel Angst vor dir wie du vor ihnen. Du bist du, das ist alles, was zählt. Bleibe ganz bei dir und in dir. Alles andere ist völlig unwichtig.

Weshalb haben wir Angst vor der Dunkelheit?

Die Angst vor Dunkelheit entsteht dann, wenn ich mich scheinbar alleine in einem Raum befinde. Meiner Erfahrung nach ist dies eine Urangst, die oft schon im Mutterleib entsteht, wenn die Kommunikation zwischen Mutter und Kind unterbrochen wird. Später wird vielleicht das Einsperren in dunkle Räume als Strafe benutzt. Fehlende Kommunikation erzeugt Orientierungslosigkeit, diese lässt Panik entstehen. Lass dir oder der Person, die diese Angst hat, ein Lichtlein brennen. Sorge für Wohlbehagen, und stelle dir ein Wesen vor, mit dem du in diesem Falle in Kommunikation trittst. Das kann ein Engel, ein Schutztier, deine Mutter, ein Polizist oder jemand ganz anderes sein. Lass dich von diesem Wesen liebevoll unterstützen, bis die Situation vorbei ist. Dunkelheit an sich ist kein Grund für Angst, sie kann sogar Schutz bedeuten. Suche dir ein Symbol, das dir als Anker dient, um dich in einer solchen Situation daran zu erinnern, dass du eine Alternative zu deiner Angst hast. Bald wird auch das nicht mehr nötig sein, da du so viele gute Erfahrung gesammelt hast.

Warum habe ich Angst vor Nähe?

Angst vor Nähe entsteht oft, wenn körperliche oder emotionale Begegnungen nicht klar in ihrer Aussage sind. Nähe ohne Angst zuzulassen ist natürlich auch eine Sache des Trainings. Wenn ich als Kind zu wenig oder zu viel Nähe erfahren habe und als Lebensstrategie Nähe vermeide, weil ich nicht gelernt habe, damit umzugehen, wird sie mir immer fremder und bedrohlicher erscheinen. Jeder Mensch trägt die Sehnsucht nach Nähe und Geborgenheit in sich, ob er sich das eingesteht oder nicht. Du kannst zum Beispiel folgende Übung machen: Suche dir eine vertraute Person, und stelle dich ihr in einem sicheren Abstand gegenüber. Schließe die Augen, nimm dich selbst wahr, und sage dann »Jetzt«, und lass die Person auf dich zukommen. Wenn du das Gefühl hast, sie befindet sich in dem Abstand, den du ertragen kannst oder willst, sage laut »Stopp«. Die Person bleibt stehen, und du öffnest deine Augen. Überprüfe dein inneres Bild von Distanz und Nähe, und vergleiche es mit dem realen Bild vor dir. Übe das so lange, bis dein inneres Bild dem äußeren Bild entspricht. Schaue dann deinen Übungspartner an. Schaue ihm in die Augen, atme die Angst in Form einer Farbe durch die Fußsohlen aus, und atme durch dein Herz die Sehnsucht nach Nähe ein. Gib auch ihr eine Farbe. Sage deinem Partner genau, wie und in welcher Geschwindigkeit er sich annähern darf, und nimm bewusst wahr, dass du selbst die Person bist, die den Grad der Nähe steuert. Gehe dabei so weit, wie du dich noch wohlfühlst. Denk daran: Jeder Entschluss zum Üben ist ein Erfolg. Wenn du tatsächlich körperliche Nähe bewusst gestatten kannst, dann leite die Person an, wie sie dich berühren kann. Definiere das so genau wie möglich, und bleibe ganz bei dir. So wirst du Schritt für Schritt die Angst vor Nähe durch Übungen und Überprüfungen verlieren und sie den Partnern, die du einlädst, dir nahe zu sein, genussvoll gestatten können. Wenn du Angst vor emotionaler Nähe hast, kannst du die gleiche Übung machen, nur einigt euch vorher darauf, dass es hierbei um emotionale Nähe geht. Eure Körper stehen in diesem Fall für eure Emotionen. Du kannst hierbei auch deinen Partner fragen, wie es ihm bei den einzelnen Schritten mit dir ergeht. Bleibe trotzdem ganz bei dir. Wenn du am Anfang noch nicht mit einem Partner üben möchtest, kannst du auch einen großen Spiegel verwenden. In dem Fall bestimmst du, wann du und dein Spiegelbild aufeinander zugehen.

Warum habe ich Angst vor großen Plätzen und vor Weite (Agoraphobie)?

Diese Angst kann karmischen Ursprungs sein, liegt aber auch oft in den Urzeiten der Menschheitsgeschichte begründet. Menschen und Tiere hielten sich meist eher im Dickicht auf, denn im freien Feld ist man als Beute leicht zu erkennen, hat keine Möglichkeiten, sich zu verstecken, und wird so schnell das Opfer von Raubtieren. In der heutige Zeit bedeutet die Angst vor Weite, dass wir das Raubtier in uns noch nicht entwickelt haben. Menschen, die darunter leiden, sind oft stark aggressionsgehemmt, kennen keine eigenen »Territorialgrenzen« in ihrem Leben und meinen, kein Recht auf ein eigenes Leben zu haben. Häufig gehen mit dieser Phobie starke Schuldgefühle einher, so, als ob man etwas verbrochen hätte und jeden Augenblick ertappt werden könnte. Bei dieser Form von Angst ist es am sinnvollsten, eine Rückführung in die Kindheit zu machen, um zu sehen, wo die Möglichkeit, in Sicherheit expandieren zu dürfen, gebremst wurde und eventuell Strafe erfolgte. Auch können hierbei Erinnerungen an Verwahrlosung und daran, von den Erziehenden nicht wahrgenommen worden zu sein, ans Licht gebracht werden. In manchen Fällen handelt es sich auch um einen Menschen, der durch Kaiserschnitt entbunden wurde, der aber noch nicht reif war für die Geburt. Die plötzliche Weite, in die er katapultiert wurde, ohne ein nährendes, Geborgenheit vermittelndes Umfeld, löste dann diese Angst aus.

Ich habe massive Angst vor Enge (Klaustrophobie) und vor dem Ersticken. Wie entsteht sie?

Diese Angst wird häufig durch ein Geburtstrauma, eine Notsituationen im Mutterbauch ausgelöst. Sie tritt bei denen auf, die als Kind zur Bestrafung in den Keller oder in enge Kammern gesperrt wurden, denen als Baby bei häufigem Schreien ein Kissen auf das Gesicht gedrückt wurde (dies betrifft vor allem die älteren Generationen). Auch eine Erinnerung an Missbrauch oder an grobe kindliche Spiele

(Schwitzkasten etc.) kann der Auslöser sein. Im karmischen Sinne ist es oft die Erinnerung an Krieg, daran, verschüttet zu werden, an Erdrutsche, Lawinen, ans Ertrinken etc. Man kann diese Ängste auch für Eltern und Ahnen tragen.

Hat die Angst vor bestimmten Todesarten etwas mit Aggression zu tun?

Hat man diese Angst für andere, steckt häufig ein verdeckter Neid bzw. eine verdeckte Aggression dahinter. Um verdrängten Neid handelt es sich dann, wenn zum Beispiel ein Familienangehöriger nicht mit in den Urlaub genommen wird und er sich völlig übertriebene Sorgen macht, dass dem Rest der Familie etwas passiert sein könnte, und dies in Zusammenhang mit Katastrophen aus den Medien bringt. Hat man selbst Angst vor bestimmten Todesarten, so stecken starke Aggressionen gegen die eigene Person dahinter zum Beispiel das Gefühl, für ein begangenes Unrecht bestraft werden zu müssen, oder man hat sehr emphatisch das Sterben anderer verfolgt und hat ein schlechtes Gewissen, dass man selbst noch am Leben ist. Am häufigsten melden sich hier aber vergangene Leben, in denen die Person das Lebensende in einer Schocksituation erlebt hat, die noch in der Zellerinnerung des Körpers sitzt. Von Inkarnation zu Inkarnation erinnert sich unser Körper ebenfalls an vergangene Freuden und Qualen. In manchen Fällen kann auch die Sehnsucht nach dem Lebensende dahinterstecken, man fühlt sich bedroht von den eigenen ins Unterbewusstsein verdrängten Schatten.

Was hat die Angst vor Höhe für eine Aussage?

Bei Menschen mit Angst vor Höhe finden sich oft Erinnerungen wieder, in denen man als Baby von Erwachsenen in die Luft geworfen und wieder aufgefangen wurde und die Erwachsenen nicht erkannt haben, dass es für das Kind schon längst kein Spaß mehr gewesen ist. Dem Aus-der-Höhe-in-die-Tiefe-Stürzen entspricht, sich aus der Metaebene in die Tiefen des Unbewussten und Unterbewusstseins zu begeben, dies ist verbunden mit der Angst vor dem, was man dort vorzufinden meint. Auch vertrauen Menschen mit solchen Ängsten oftmals nicht wirklich ihrer Substanz, haben Angst vor Neid und Missgunst ihrer Umwelt, aber auch Angst vor eigenem Erfolg und Ruhm. In Reinkarnationssitzungen erinnert man sich oft an ein Lebensende, in dem man von der Klippe gestürzt ist, vom Turm geworfen oder in ein Verlies gesperrt wurde.

Ist es wahr, dass Flugangst Angst vor dem eigenen Erfolg bedeutet?

Hinter der Flugangst verbirgt sich oft die Angst davor aufzusteigen, den vollen Überblick zu haben. Es ist die Angst vor dem eigenen Erfolg, davor, andere zu überflügeln und das nicht selbst bestimmen oder lenken zu können. Irgendwo auf dem Lebensweg ist das Vertrauen verloren gegangen, das Vertrauen in dich, darin, dass du in jeder Situation das Richtige tust. Du hast die Flugangst als Zeichen für dein mangelndes Vertrauen in das Leben gewählt. Selbstverständlich wollen weder die Fluggesellschaft noch der Pilot, die Konstrukteure oder das Wartungspersonal, dass jemand zu Schaden kommt. Wenn du im Flugzeug sitzt, und die Angst kriecht in dir hoch, dann versuche es mit einem Lächeln, das bewirkt, dass Glückshormone ausgeschüttet werden, selbst wenn du nur den Mund nach oben ziehst. Sage dir: »Ich bin erfolgreich, ich darf andere überflügeln, ich habe den Überblick und das Vertrauen in mich und meinen Weg.« Atme Angst aus und Selbstvertrauen ein. Begib dich dann in deiner Vorstellung in das Cockpit, wo der Pilotensessel für dich bereitsteht. In dem Augenblick, in dem du dich setzt, bist du mit allem Wissen ausgestattet, um die Maschine sicher zu fliegen. Falls du Bedenken hast, atme diese aus, die Selbstsicherheit ein – da rechts unten neben dir ist immer der Knopf »Autopilot«, den du jederzeit drücken kannst.

Was mache ich mit meiner Angst vor dem Verlust von Personen?

Häufig wurde die Phase des Selbstständigwerdens, des Ablösens, des Eigene-Räume-Erschließens seitens des Kindes von den Erwachsenen rigoros gehandhabt. Es wurde ohne Erklärung gehandelt, was früh Verlust- und Verlassenheitsgefühle ausgelöst und das Vertrauen in die Verlässlichkeit von Personen zunichtegemacht hat. Es kann Heimkinder und Adoptivkinder betreffen, Kinder, die im Krieg groß geworden sind, die unvorhersehbar wichtige

Personen verloren und deren Lebensumstände sich ganz plötzlich geändert haben. Trennungen durch Klinikaufenthalte oder Urlaube der Eltern tun ihr Übriges.

Meine Mutter hat Angst vor Tieren. Wie entsteht diese Angst?

Tiere stehen für die Triebe, die Antriebe und die Instinkte im Leben, eine Katze steht zum Beispiel für spirituelle Entwicklung, Individualität, Einzelgängertum, Behaglichkeit, Zärtlichkeit, Geborgenheit und die freiwillige Angehörigkeit zu einem Ort oder einer Person. Ferner steht die Katze für die unheimliche Seite der Magie, für Hypnose, für das Katz-und-Maus-Spiel, für sadistisches Töten, für das Krallenausfahren und für innere Balance. Habe ich mit den negativen Aspekten eine tiefe Resonanz, stellen sich Ängste ein. Karmisch kann es zum einen Angst vor tierischer Rache sein, weil ich in früheren Leben Tiere nur aus Gier oder Lust am Töten missachtet und missbraucht habe. Zum anderen kann ich das Opfer von Tieren gewesen sein. Meistens steckt hinter der Angst vor Tieren die Weigerung, die genannten Triebe und Antriebe im Leben anzusehen und in die Persönlichkeit zu integrieren. Es ist die Angst vor dem nächsten Entwicklungsschritt, vor meiner eigenen Natur und Natürlichkeit.

Warum haben wir Angst vor der Zukunft?

Die Angst vor der Zukunft kann sehr reale Ursachen haben zum Beispiel Krieg, ein Leben im Erdbebengebiet, Firmen, die geschlossen werden, etc. Einen nicht unerheblichen Anteil an dieser Angst haben unsere Medien. Über »gelenkte«, künstlich erzeugte Ängste ist der Konsument gut zu steuern. Er erwirbt Dinge, die er in seinem ganzen Leben niemals brauchen wird, zum Beispiel unsinnige Versicherungen oder Medikamente gegen etwaige Epidemien etc. Es gibt keine Garantie für die Zukunft, und keine Versicherung der Welt kann uns beschützen. Menschen mit großer Angst vor der Zukunft fühlen sich oft spirituell oder religiös nicht gut angebunden, haben im Elternhaus wenig Sicherheit erfahren oder waren »überbehütet« (die böse Welt da draußen). Häufig trägt man vom Familiensystem aus die Angst vor Veränderungen zum Beispiel vor Krieg, Heimatverlust, plötzlicher Armut etc. Diese Art Angst findet aber im Leben dieser Person keine reale Entsprechung. Beispielsweise kann sich eine Depression mit diesen Symptomen als Angst tarnen. Auch ein Mangel an Vorstellungskraft oder zu große Fantasie können mögliche Ursachen sein.

Wie entsteht die Angst vor Ruin?

Die Furcht, nicht genährt, behütet und geschützt zu sein, ist oft an schuldhaftes Empfinden gekoppelt. Sie betrifft Menschen, die sich zu Unrecht bereichert, eventuell anderen ihre Existenz geraubt haben. Es kann auch sein, dass sie die anale Phase – die Phase des Sauberwerdens in der Kindheit, in der vieles schieflaufen kann – gestört erlebt haben. Das »Häufchen« ist das erste eigene Produkt und wird vom Kind mit Stolz und als Geschenk betrachtet. Wenn dieses »Häufchen« nicht gewürdigt wird, wir für dieses nicht gelobt wurden, es nicht einmal untersuchen durften, sondern es sofort entzogen bekamen, womöglich noch gedemütigt wurden, kann das später zu einem geizigen Verhalten, zu häufiger Verstopfung und zu Angst vor Ruin führen. Man findet diese Angst häufig bei Menschen, die kompensatorisch sehr viel Materie in ihrem Leben angehäuft haben. Das Vertrauen in den Fluss des Lebens ist geschädigt.

Erklärst du mir bitte meine Angst vor Dieben?

Dieser Angst liegt oft die Furcht vor Werteverlust, sprich Selbstwertverlust zugrunde, die wiederum oft auf der Erfahrung beruht, dass andere sich auf deinen Lorbeeren ausgeruht und dir die Erfolge abspenstig gemacht haben. Du hast häufig Probleme, selbst im strahlenden Mittelpunkt zu stehen und den Lohn für deine Mühe einzufordern. Du trägst deine Werte im Geheimen mit dir herum und meinst, nicht das Recht zu haben, diese zu besitzen. Der Dieb entspricht der äußeren Form von Übergriff in deine Intimsphäre. Vielleicht hat bereits deine Mutter dein Tagebuch gelesen, und du hattest nie wirklich einen Raum für dich alleine. Auch kann dir im eigentlichen oder übertragenen Sinne deine Unschuld geraubt worden sein, und du hast dieses Trauma nicht verkraftet. Deine inneren unbewussten Anteile erschaffen sozusagen einen Dieb, der sich vielleicht sogar wirklich im Äußeren von dir angezogen fühlt. Konfrontiere dich mit deiner Angst, dies kann durch innere Arbeit, aber auch sehr gut in einer Aufstellung geschehen.

Was bedeutet es, wenn ich in neuen Situationen immer zuerst Angst vor Gewalt verspüre?

Die Angst vor Gewalt hat meist ganz konkrete Hintergründe, zum Beispiel hat man als Kind übermächtige Gewalt erfahren, sei es am eigenen Leib oder sei es, dass man zusehen musste, wie der Vater die Mutter oder das größere Geschwisterteil das kleinere verprügelt hat etc. Die Angst vor Gewalt resultiert aus einem Ohnmachtsgefühl, du bist dir deiner mentalen oder körperlichen Möglichkeiten als mittlerweile Erwachsener nicht bewusst und fühlst dich noch genauso ausgeliefert wie als Kind. Betrachte dich selbst, und liste einmal auf, was du besonders gut kannst. Baue diese Fähigkeiten bewusst aus. Damit stehen dir dann gute verbale, mentale und körperliche Verteidigungsmöglichkeiten zur Verfügung. Sobald du von deiner inneren Einstellung und deiner körperlichen Ausstrahlung her in die eigene Würde gehst, wird es niemand wagen, dich anzugreifen. Schaue dich um, vergleiche deine Form der Autorität mit der anderer. Du wirst finden, dass Körpergröße und Körperkraft nicht ausschlaggebend sind.

Den Respekt deiner Umwelt erlangst du mit deiner inneren Haltung. Spüre hin, weshalb du dich noch immer als Opfer betrachtest und mit welchen Mitteln du Situationen anziehst, in denen du dich als Opfer fühlst. Vielleicht schöpfst du auch noch einen Gewinn in Form von Mitgefühl und Aufmerksamkeit daraus, immer noch ein Opfer zu sein. Dieses Verhalten wird deine Umgebung jedoch nicht lange mittragen. Aufbauende Worte sollen den Sinn haben, dir den Auftrieb zu geben, selbst etwas zu verändern. Das freut auch dein Umfeld.

Welche Aussage haben Hypochondrie und Angst vor Krankheiten?

Eine Krankheit bewirkt immer einen Entwicklungsschub und die Auseinandersetzung mit der Umwelt. Sie ist eigentlich ein Freund, kein Feind. Sie kommt nicht schicksalhaft von außen auf uns zu, sondern wir öffnen uns im Einzel- oder Gruppenbewusstsein (Seuchen) für diese Erfahrung. Eingebildete Krankheiten sind die Verweigerung eigener Entwicklungsprozesse und die Verschiebung auf eine andere Ebene. Der persönliche Gewinn besteht aus Fürsorge, Anteilnahme oder zumindest aus negativer Beachtung – besser als gar keine – durch die Gesellschaft. Vielleicht hast du als Kind nur Aufmerksamkeit bekommen, wenn du krank warst. Oder du warst sehr krank, vielleicht auch jemand in deiner Umgebung, und es hat dich sehr erschreckt. Du konntest dieses Thema emotional nicht verarbeiten, so blieb dir nur die Angst, die du vielleicht auch für den Kranken übernommen hast, übrig. Es ist ein Phänomen, dass in unserer »zivilisierten« Welt die meisten Kranken leben, es die meisten Krankheiten gibt und sich die Pharmaindustrie immer mehr »aufbläht«. Die eigentliche Krankheit ist die Angst vor allen möglichen Gefahren, die uns immer wieder von außen eingepflanzt wird. Wenn es wirklich um das Überleben geht und wir tatsächlichen Gefahren ausgesetzt sind, haben wir keine Zeit für Krankheit, wir können sie uns dann nicht leisten. Unsere Konzentration auf Zivilisationskrankheiten kann somit als Luxus betrachtet werden. Wichtig ist: Beschäftige dich mit deinem Wunsch und deinem Willen zu leben. Setze dich damit auseinander, und lerne Schritt für Schritt, Verantwortung für dich und dein Leben zu übernehmen. Das ist die »Zauberformel« gegen deine Angst. Ein findiger Arzt sagte einmal zu mir: »Man muss die Patienten in einem zahlungsfähigen Krankheitszustand halten, so läuft die Praxis.« Dies war ein Scherz, doch ist etwas Wahres dran.

Depression

Depression ist tiefgefrorene Aggression,
weil der natürliche Lebensentwurf
nicht gelebt werden darf.

Wie entstehen Depressionen?

In unseren Industriegesellschaften verbreiten sich alle Formen von Depression rasant. Viele sind als solche auf den ersten Blick nicht erkennbar und können sich in diffusen Ängsten, Unruhe, Schlafstörungen, Befürchtungen aller Art, fehlendem sexuellen Verlangen oder hormonellen und psychosomatischen Störungen äußern. Grundsätzlich ist eine Depression tiefgefrorene Aggression. Aggression bedeutet im eigentlichen Sinne: Ich nehme mir etwas. Erst wenn dieser Impuls zu lange unterdrückt wird, äußert er sich in der Aggression (körperlich, verbal, grenzüberschreitend), wie wir sie in unserer Gesellschaft häufig vorfinden. Schon unser erster Atemzug birgt eine gesunde Aggression, die ich zum Leben brauche: Ich nehme mir die Luft zum Atmen, die ich brauche. Bedingt durch unsere modernen Wohn- und Arbeitsformen, durch künstliche Beleuchtung und ständige Lärmbelästigung, Umweltverschmutzung, negative Medienberichte, TV und Computer empfinden wir unsere Umwelt mehr und mehr als einengend und bedrohlich. Häufige Ortswechsel lassen uns keine territoriale Sicherheit finden. Wir müssen uns ständig neu definieren. All das schränkt unsere natürliche Aggression in Form von »Ich nehme mir das Leben und die Freiheit« – im gelebten Sinne – drastisch ein. Es werden viele Sportarten angeboten, die vermeintlich Freiheit signalisieren. Nur, wenn wir dann in Horden unterwegs sind, von Zäunen umgeben, und hinter dem nächsten Hügel bereits die nächste Ansiedlung auftaucht, mag sich dieses Gefühl nicht so recht entfalten. Hinzu kommt für viele Menschen die Überforderung dadurch, zu viele Rollen gleichzeitig spielen zu müssen, um den Anschluss nicht zu verlieren. Eine Hemmung der eigenen Entfaltung ist die Folge. Die gesunde Aggression darf nicht mehr gelebt werden. Aber wohin dann damit? Wenn ich sie nicht mehr leben darf, muss ich sie für mich behalten, das heißt, sie reichert sich in mir an bis hin zur völligen Erstarrung und Isolation des Selbst. In den schlimmsten Fällen sind wir ohne Psychopharmaka nicht mehr lebensfähig, oder wir nehmen uns tatsächlich das Leben, ohne das wir das, was wir vom Leben hätten nehmen sollen, jemals »gekostet« haben. Um eine Depression zu überwinden, heißt es, sich auf das Ich zurückzubesinnen, es geht um Selbstdefinition und den Mut, etwas Eigenes zu tun, anders sein zu dürfen und dazu zu stehen. Lerne, gute Grenzen zu setzen, die dir Sicherheit geben, ohne dich einzuengen. Löse dich aus schädlichen Beziehungen und Lebensbereichen, in denen du nicht anerkannt wirst. Du selbst bist der wichtigste Mensch in deinem Leben, und du bist der Meister deines Lebens. Lerne, deine Aggressionen gesund zu leben, denn wenn du dies nicht tust, überträgst du sie in negativer Form auf deine Mitmenschen, die dann deine gestaute Aggression ausleben und sie in Form von Abwertung, Unverständnis und Zorn wieder gegen dich richten. Du musst kein perfekter Mensch sein, es reicht, dass du auf dem Weg bist. Die Ziele, die du dir setzt, sollten erreichbar und wirklich deine eigenen sein. Was andere für dich wollen oder sich wünschen, solltest du jetzt ganz hintanstellen.

Erziehung

Erziehung funktioniert am besten durch Unterlassen und den Glauben an das zu fördernde Individuum.

Welchen Sinn hat Erziehung?

Erziehung bedeutet, unter Einbeziehung aller Ressourcen, die zur Verfügung stehen, Hilfe zur Selbsthilfe zu geben. Gehe davon aus, dass du es immer so gut machst, wie du es eben gerade kannst. Du musst nicht immer perfekt sein, der Anspruch auf Perfektion erzeugt nur Stress. Keiner erwartet von dir, dass du das perfekte Vorbild bist. Denn auch du erfährst dich ständig selbst. Schön ist es, wenn du authentisch und ehrlich bist, dich auch einmal entschuldigen kannst, wenn du offensichtlich falsch gehandelt hast. Du solltest es aber bei der Entschuldigung nicht bewenden lassen, sondern prüfen, unter welchen Umständen du dein Herz wieder für den anderen öffnen kannst. Es ist für alle sehr unproduktiv, wenn du immer die gleichen Verhaltensweisen an den Tag legst, dich immer wieder dafür entschuldigst und meinst, dann sei es gut. Steter Tropfen höhlt den Stein. Mit dieser Verhaltensweise kannst du bei dem zu Erziehenden ein tiefes Trauma auslösen. Erkennt der von dir zu Erziehende, dass du grundsätzlich an dir arbeitest, wobei du ihn bitte von deinen eigenen Seelennöten fernhalten solltest, so nimmt er dich gerne als Vorbild an. Dies gilt für Mensch, Tier und Natur. Du kannst keinen Gehorsam erzwingen, du erreichst damit nur, dass du von dem unterdrückten Wesen zwangsakzeptiert wirst und somit dich selbst täuschst. Schaue dir deine eigene Kindheit an und deine Beziehung zu deinem inneren Kind. Auf diesem Weg wirst du zwar so manchem Schmerz begegnen, aber auch ungeahnte Schätze finden.

Kinder

Kinder sind der Spiegel unserer eigenen Hilflosigkeit,
aber auch unseres emotionalen Reichtums.
Deine Kindheit ist das Fundament deines Hauses.

Was nährt Kinder?

Grundsätzlich kommt jedes Kind, ob gesund oder nicht, mit allem, was es zu seiner persönlichen Entwicklung braucht, auf die Welt. Auch ein behindertes Kind kann von Anfang an ganze Hilfstruppen aktivieren, um Unterstützung zu bekommen.

Der erste Eindruck eines Kindes ist immer der prägendste. Überlege gut, wie du ein Kind an eine neue Situation heranführst, dies erspart dir spätere Schwierigkeiten. Für ganz junge Menschen gibt es ständig ein erstes Mal, das richtig einsortiert und verarbeitet werden will. Lass deinem Kind dafür Raum und Zeit.

Kinder haben auch die Möglichkeit, wenn sie nicht die richtige »Nahrung« – emotional, geistig oder körperlich – bekommen, sich diese bei anderen Menschen (Wahlverwandtschaft) zu holen. Das ist ein natürlicher Mechanismus, um alle Aspekte, die man zum Großwerden braucht, zu aktivieren. Daran sollte man Kinder nie hindern, schon gar nicht sollte man mit Eifersucht reagieren. In unserer versingelten und Einzelkindergesellschaft sollten vor allem die Mütter mit ihrer sozialen Kompetenz für ein gutes, stabiles Netz mit diversen Bezugspersonen sorgen. Dabei ist sehr darauf zu achten, dass das Kind von sich aus diese Menschen annimmt und sich für sie öffnen kann. Eine Krabbelgruppe, die dem Erziehenden eher langweilig erscheint, in der sich das Kind jedoch entfalten kann, ist einer »Powerkrabbelgruppe« mit unzähligen Angeboten, in der das Kind unruhig und nervös ist, in jedem Fall vorzuziehen.

Setze dein Kind niemals als Waffe ein, und verschone es mit deinem Ehrgeiz, dass es Dinge erreichen muss, die du nicht zuwege gebracht hast. Heiße die Freunde deines Kindes wie deine eigenen Freunde zu Hause willkommen, und setze dich nicht damit unter Druck, ein Unterhaltungsprogramm bieten zu müssen. Kinder entwickeln ihr eigenes Programm. Vertraue deinem Kind, das weder sich, seinem Umfeld noch dir schaden will. Immer wieder beobachte ich, dass ständig kontrollierte und misstrauisch beäugte Kinder – dasselbe gilt auch für überbehütete Kinder – etwas demolieren, Grenzen überschreiten und unerwartete Dinge tun. Kinder, die von Anfang an ganz selbstverständlich in einen natürlichen Umgang mit Mensch und Natur einbezogen werden, gehen von sich aus achtsam mit der Umwelt und den Dingen anderer um. Passiert dennoch einmal ein Missgeschick, sollte man kein Drama daraus machen, denn das Kind hat es sicher nicht mit Absicht getan und kann daraus lernen. In manchen Wohnungen gibt es so viele Kindersicherungen, dass das Gefühl entsteht, die Familie lebe mit einem feindlichen Raubtier zusammen. Beobachte die natürlichen Neigungen deines Kindes, und unterstütze es in dieser Richtung. Vergleiche es niemals mit anderen Kindern. Oft werden die Letzten die Ersten sein. Entspanne dich, dein Kind hat sein eigenes Lebensprogramm bereits in die Wiege gelegt bekommen, und du kannst darauf vertrauen, dass es den für sich richtigen Weg gehen wird. Mache dir keinen Stress, ein Vorbild sein zu müssen, sei dir aber bewusst, dass sich Kinder auch an negativen Vorbildern orientieren, um Erfahrungen zu sammeln. Sei im liebevollen Sinne konsequent. Setze Grenzen für dich, die das Kind zu akzeptieren hat, und achte auch die Grenzen deines Kindes. Dein Kind ist wie du ein vollwertiger Mensch – von Anfang an. Es vollbringt täglich Höchstleistungen. Es braucht eine enorme Willenskraft, um seine Körperbeherrschung zu lernen, ständig neue Nervenzellen zu »verkabeln« und sein Umfeld zu begreifen. Gib die Arroganz auf, dein Kind als dumm zu bezeichnen, nur weil es etwas noch nicht kann, was du kannst. Das ist unfair und behindert dein Kind. Du hast lediglich den Vorteil, schon länger auf der Erde zu sein. Dein Kind wird aber länger bleiben als du. Wenn wir unseren Kindern zuhören, können wir vieles von ihnen lernen und uns an vergessene Dinge erinnern. Dein Kind muss auch lernen, hier auf der Erde mit der Polarität Hitze/Kälte, Tag/Nacht, Liebe/Hass umzugehen. Wir sind auch hier, um Meister unserer Gefühle zu werden, sie richtig einsortieren zu können und für die eigene Entwicklung zu nutzen. Dein Kind ist nicht hysterisch, wenn es anfangs alle Gefühle absolut lebt. Es lernt erst nach und nach, den Dosierungshahn richtig zu handhaben. Anfangs werden Kinder von Gefühlen völlig überwältigt, weil diese neu für sie sind. Sie sind ihren Gefühlen hilflos ausgeliefert. Du solltest das nicht abtun oder dein Kind dafür demütigen. Dies kann später zu zwanghaftem oder ängstlichem Verhalten führen.

Stelle klar, dass du der Elternteil bist, und lass dir nicht von jedem in die Erziehung hineinreden. Die anderen sind auch nur Menschen und müssen es keinesfalls besser wissen als du.

Achte von Anfang an auf die Intimsphäre deines Kindes und auch darauf, dass es beim Sport, beim Spiel oder beim

Arztbesuch nicht verletzt wird. Schütze dein Kind und seine für die Umwelt manchmal unverständlichen Handlungen, wenn du im Herzen fühlst, dass dein Kind jetzt deine bedingungslose Annahme braucht. Vergleiche dein Kind nicht mit anderen, und gib ihm das Gefühl, dass jedes Lebewesen einzigartig und wertvoll ist und jeder seine spezielle Aufgabe im Leben erfüllt. Behalte deine Minderwertigkeitsgefühle (falls vorhanden) für dich, und arbeite daran, aber sage nie zu deinem Kind »Leute wie wir schaffen das nicht, das Gute ist nur für die anderen« etc. Dein Kind hat seine eigene Wahrheit, und es hat immer die Chance, sich in alle Richtungen zu entwickeln, auch wenn du das für dich selbst noch für unmöglich hältst.
Sorge dafür, dass sich dein Kind so oft wie möglich in der Natur aufhält und Umgang mit Tieren hat, um seine eigene Natürlichkeit zu begreifen. Kein Spielzeug ersetzt das lebendige Lernen in der Natur. Eingesperrte Tiere deprimieren Kinder. Vertraue deinem Kind so früh wie möglich die Verantwortung für ein Lebewesen an, und unterstütze es dabei liebevoll.
Fixiere dich nicht auf Krankheiten oder Defizite deines Kindes, sondern auf dessen Gesundheit und individuelle Möglichkeiten. So lernt dein Kind, aus jeder Situation das Beste zu machen und Aufmerksamkeit nicht durch destruktives Verhalten oder Schwäche auf sich zu ziehen. Du tust dir damit selbst einen Gefallen. Denke immer daran: Unsere Kinder bilden die Gesellschaft von morgen. Wir sollten sie darin bestärken, eine wunderbare Welt zu schaffen, in der ihnen alle Möglichkeiten offenstehen.

Wie gehe ich mit meinem Adoptivkind am förderlichsten um?

Es ist wichtig, den sozialen Kontext, aus dem dein Adoptivkind kommt, nicht zu vergessen. Wenn dein Kind zum Beispiel aus Brasilien kommt, ist es wichtig, dass du seine Wurzeln, sein Herkunftsland achtest und mit ihm dorthin fährst, wenn es in einem Alter ist, in dem es alles wahrnehmen kann. Dein Kind darf stolz darauf sein, Brasilianer und Deutscher zu sein – ein Weltbürger. Das ist etwas Besonderes. Versuche nicht, die Wurzel deines Kindes abzuschneiden, um dich selbst vergessen zu lassen, dass es nicht dein leibliches Kind ist. Es wird ganz freiwillig und ganz selbstverständlich immer mehr und mehr dein Herzenskind werden. Ich kenne einige Adoptivkinder, die ihren Adoptiveltern mit der Zeit immer ähnlicher sehen. Die Familie, in die dein Kind hineingeboren wurde, ist nicht »schlecht«. Bedenke, dass immerhin der Mut da war, das Kind zu empfangen, auszutragen und zu gebären. Es wurde Verantwortung übernommen, indem es zur Adoption freigegeben wurde. Dies war sicherlich verbunden mit dem Schmerz darüber, es nicht groß werden zu sehen, und mit der Last, mit der eigenen Unfähigkeit umgehen zu müssen. Unterschätze nicht die Schwierigkeiten der Lebensaufgabe der Herkunftseltern, sie kann schwerer als deine eigene sein. Bitte werte nicht vor deinem Kind über seine Herkunftsfamilie, urteile nicht über sie. Lass dein Kind nicht wählen müssen, wer die besseren Eltern sind, und sage deinem Kind, dass auch seine Eltern zur Familie gehören und dass es nicht seine Schuld ist, dass es bei ihnen nicht

aufwachsen konnte. Sage ihm, dass ihr euch die Aufgabe als seine Eltern nur teilt.
Kinder sind nicht unser Eigentum, und wir haben kein Recht an ihnen. Jeder gehört sich selbst, und jeder gehört freiwillig anderen an.

Welche Orientierung kann ich Jugendlichen geben?

Es gibt unzählige Programme zur Förderung von Kindern. Oft werden hier die Kinder bei kompetenten Personen abgegeben. Die Eltern vermeiden den Erziehungsauftrag mangels eigener Schulung und eigenen Wissens. Dem eigenen Bauchgefühl wird nicht mehr vertraut. Bei den Jugendlichen sieht das schon anders aus, wer bis hierhin nicht »in die Pötte gekommen« ist, dem stehen oft wenige Möglichkeiten zur Weiterentwicklung und Orientierung zur Verfügung. Jugendliche und Pubertierende sind oft unbequem, haben »null Bock«, stellen uns infrage und halten uns einen Spiegel vor. Wenn wir uns schon vorher wenig mit unseren Kindern beschäftigt haben, schreckt uns dieses Verhalten noch mehr ab. Aus Hilflosigkeit werden Jugendliche oft von allen Seiten im Stich gelassen. Es scheint zu schwierig, die Welt aus deren Sicht zu betrachten und so deren Reaktionen verstehen zu lernen. Wir brauchen Mut, uns unseren eigenen subjektiven Wahrnehmungen zu stellen und zuzugeben, dass wir oftmals auch keine Lösung wissen. Die Eltern als Vorbild werden infrage gestellt, das Image bröckelt. Was sagt das eigene Ego dazu?

Unsere Kinder werden immer mehr mit widersprüchlichen Situationen konfrontiert. Es gibt keine festen Richtlinien für das Experiment »Leben«, an die man sich halten kann, wohl aber welche, die man infrage stellen und brechen kann. Erwachsene geben Versprechen und brechen die Versprechen täglich. Die Zeit scheint immer schneller zu vergehen. Sie fordert in kurzen Abständen eine unglaublich hohe Flexibilität aufgrund von Veränderungen im emotionalen, spirituellen, geistigen und gesellschaftlichen Bereich. Im Gegensatz zu früher ist der körperliche Lebenszyklus heute sehr lang (mehrere Leben in einem Leben). In früheren Zeiten gab es langlebige gesellschaftliche, moralische und spirituelle Prozesse, die oft über Generationen hinweg als gesellschaftlich stabilisierende Richtlinien galten. Heute werfen wir unsere Jugendlichen ins kalte Wasser und sagen »Schwimm!«, ohne Vorbild zu sein, Orientierung zu geben oder über das Element informiert zu haben. Hinter der Fassade, die die Jugendlichen zur Schau tragen, verbirgt sich eine tiefe Sehnsucht nach Führung, Orientierung und Werten, der wir gerecht werden sollten. Ein kleines Beispiel: Erst seit Kurzem hier lebend brachte ich den Jugendlichen unseren Ortes ein paar schöne Silvesterraketen mit, anstatt an ihnen herumzukritisieren, dass sie bereits ein wenig früher anfingen zu böllern. Diese Achtung ihnen gegenüber honorieren sie mir bis heute, indem sie mir ganz freiwillig anbieten, auf mein Auto aufzupassen oder mit meinen Hunden Gassi zu gehen. Einige haben sich bei mir in der Praxis schon getroffen. Ich glaube an sie, und sie honorieren das. Kleinere Projekte entstehen, und die

Jugendlichen erkennen, dass sie selbst Verantwortung und jeweils eine Stimme haben. Hoffnung, das eigene Leben in die Hand nehmen zu können, keimt in ihnen auf, und die Freude am Dasein wächst genauso wie der Wunsch, Verantwortung zu übernehmen. In der Praxis arbeiten wir mittlerweile mit Kindern und Jugendlichen aller Altersstufen harmonisch miteinander. Klar ist, dies ist mein Raum, ich bin der Chef, ansonsten sind alle gleich wert und gleich wichtig. Gestern haben diese »Herumlungerer« meine gesamte Praxis gründlich aufgeräumt und mit Liebe geputzt, wie ich es selbst nicht zuwege gebracht hätte – und das ganz freiwillig.

Wir müssen unseren Jugendlichen eine Chance geben. Wir müssen ihnen zuhören. Sie sind die Erwachsenen von morgen, und es bleibt uns wenig Zeit, ihnen unser Wissen mit auf die Reise zu geben. Dann leben sie schon in dem Haus von morgen. Denkt daran: Die Jugendlichen, an denen ihr euren Frust ausgelassen habt, die für euch das leben mussten, was ihr euch selbst nicht getraut habt, können morgen die Menschen sein, die unser gesellschaftliches System bewegen und von denen ihr im schlimmsten Falle einmal abhängig sein werdet. Jeder Mensch und gerade auch die Jugendlichen haben ein Recht auf Achtung und Respekt. Ich habe schon einige Projekte mit Jugendlichen geleitet, bei denen mir noch nie auch nur ein Cent gestohlen wurde, es wurde auch nicht achtlos mit den Mitteln umgegangen, die uns zur Verfügung standen. Gebt Jugendlichen ein Territorium, vertraut ihnen, hört ihnen zu, achtet ihre Intimsphäre, sobald zum Beispiel ein Jugendlicher die Tür schließt, sollte man vor dem Eintreten klopfen und die Erlaubnis einzutreten abwarten. Die Vorschläge von Jugendlichen sind besser als man oft denkt. Projiziert nicht eure nicht gelebten Seiten auf sie, schaut besser hin.

Schule

Die Information bestimmt immer der Empfänger.
Wissen lebt durch Lehren.

Mein Kind kommt in die Schule.
Wie verhalte ich mich richtig?

Viele Eltern werden angesichts des Schulbesuches ihres Kindes von ihren eigenen Schulerinnerungen eingeholt, das heißt, sie werden gegenüber dem Lehrer sozusagen wieder selbst zum Schüler. So sind sie nicht wirklich in der Lage, die Interessen ihres Kindes zu vertreten. Wenn es dir als Elternteil so ergeht, vereinbare ein Gespräch mit dem Lehrer. Dieses Gespräch sollte aber nicht im Klassenraum, sondern im Lehrerzimmer stattfinden.

Leider ist es unter Lehrern oft noch verpönt, im Kollegenkreis zuzugeben, dass man Schwierigkeiten mit Schülern hat, dass man mit dem Beruf überfordert ist, denn dies wird oft als Schwäche bewertet. In so gut wie jedem anderen sozialen Beruf ist die Methode der Supervision für die Mitarbeiter seit Jahrzehnten allgemein akzeptierte Praxis. Von einem sehr fähigen Schuldirektor stammt die Aussage: »Wenn eines unserer Kinder in der Schule versagt, versagt die Schule und nicht das Kind. Wir haben noch nicht den richtigen Ansatz gefunden, diesem Kind unser Wissen zu vermitteln.« In diese Schule kommen ausschließlich »Schulversager«, die dann in kurzer Zeit rasant aufholen und alle ihren Abschluss schaffen.

Liebe Eltern, fixiert euch nicht von Anfang an bereits auf den Schulabschluss eures Kindes und auf den Beruf, den es einmal ergreifen soll, sondern achtet darauf, dass euer Kind die Schule annimmt und die Schule euer Kind. Wenn das so ist, wird sich euer Kind schnell eingliedern und sich für Freundschaften und Lerninhalte öffnen. Vielleicht ist hierzu noch ein-, zweimal ein Schulwechsel erforderlich, der aber wohlüberlegt und nicht aus Verzweiflung geschehen sollte.

Wir sollten unsere Kinder für Fleiß, Ordnung und gute Noten loben, aber auch für ihr gutes Sozialverhalten, das wir ihnen selbstverständlich vorleben müssen. Strafen wegen mangelnder Schulleistungen sind ein Erziehungsfehler. Wenn Schulleistungen nachlassen, hat das meistens mit der Psyche des Kindes zu tun, das heißt, es ist innerlich so beschäftigt, dass es den Lerninhalt einfach nicht im Kopf behalten kann. Ich arbeite auch an Schulen und mit Schulkindern und erlebe immer wieder, dass es für die Schüler selbst am schlimmsten ist zu versagen, auch wenn sie das hinter Coolness zu verbergen suchen. Es geht hier schließlich um den Selbstwert. Also finde heraus, ob dein Kind krank ist, eventuell schlecht sieht oder hört, sich falsch ernährt oder nicht genügend Schlaf bekommt. Taste sein soziales Umfeld ab. Gibt es Krach mit Freunden, Pubertätsprobleme, Mobbing in der Schule oder Ähnliches? Wenn du interessiert nachfragst, wird dein Kind ehrlich sein und dir alles erzählen. Sei ihm ein Gefährte, der ihm hilft, wieder in einen ausgewogenen Zustand zu kommen. Motivation bewirkt mehr als Druck, und dein Kind sollte neben der Schule auch noch einen gesunden Ausgleich erfahren dürfen. Wenn du berufstätig bist, baue wenigstens eine gemeinsame Mahlzeit mit deinem Kind in den Alltag ein, bei der ihr euch über euren Tag erzählt. Viele Erziehende bleiben noch im Bett liegen, während sich das Kind selbst auf die Schule vorbereitet. So ist es schon zu Beginn des

Tages auf sich alleine gestellt, und dieser Mangel wird es durch den ganzen Tag begleiten.
Wenn ich meinen Werdegang und den vieler meiner ehemaligen Mitschüler betrachte, ist es in den meisten Fällen nicht die schulische Karriere, die den späteren Erfolg bestimmt hat. Die Letzten werden die Ersten sein, das hat sich oft bestätigt. Menschen, die sich aus eigener Kraft hochgearbeitet haben, haben den weitesten Horizont und die größten Chancen, lohnende Einsatzplätze für ihr Tun zu finden, sie werden in Betrieben sehr geschätzt. Lass deinem Kind nicht zu viele Ecken und Kanten durch das Lehr- und Erziehungssystem abschleifen, es verliert sonst sein Profil, das es später noch gut brauchen könnte. Das Allerwichtigste, um in der Gesellschaft seinen Platz zu finden, ist jedoch immer das Trainieren der sozialen Kompetenz und der sozialen Intelligenz. Übertrage deinen eigenen Ehrgeiz nicht zu sehr auf dein Kind. Es wird lieber ein glücklicher Schreiner als ein unglücklicher Jurist.

Mitmenschen

Was du an deinen Mitmenschen kritisierst,
ist oft dein eigener Schatten.

Gibt es ein paar einfache Regeln für den Umgang mit meinen Mitmenschen?

Gehe mit deinen Mitmenschen konstruktiv und ehrlich um, behandle sie so, wie du selbst behandelt werden möchtest. Eine gute Selbstfürsorge ist das A und O, denn wenn ich selbst geknickt und angeschlagen bin, versuche ich gemäß dem Motto »Früh krümmt sich, was ein Häkchen werden will«, auch meine Mitmenschen in diese Form zu biegen – im Glauben, das sei rechtens. Je liebevoller und achtsamer ich mit mir selbst umgehe, desto besser gelingt mir dies auch mit meinen Mitmenschen. Die Erziehung beginnt also bei dir selbst, das heißt, wenn du Probleme mit anderen Menschen hast, versuche nicht, diese umzuerziehen, sondern verändere deinen Blickwinkel, und alles erscheint in neuem Licht. Damit werden sich deine Probleme mit Mitmenschen in großem Maße verringern, und ihr könnt das Gute, das überfließt, miteinander teilen, euch ergänzen in eurer Andersartigkeit und dazulernen.

Ich

In dem Maß, in dem ich mich selbst als wertvoll und kostbar betrachten kann, kann ich auch die Gaben meines Gegenübers schätzen.

Was beinhaltet mein Ich?

Stelle dir vor, du bist das einzigartigste, intelligenteste, lernbegierigste und fühlendste Wesen, das es gibt, du bist multidimensional, hast einen perfekten Körper, du bist ein Kind von Mutter Erde und des gesamten Universums, völlig rein und klar. Du willst all diese Eigenschaften in dir festigen und das, was überfließt, mit anderen genauso einzigartigen Wesen teilen. Betrachte einen Stein, einen Baum, ein Tier genauso wie dich selbst. Dann nimm dein Ich behutsam bei der Hand, und mache dich mit der Welt vertraut. Es gibt keine Fehler, sondern nur Erfahrungen, die du mit dir und anderen teilst. Kannst du dir für deine Irrtümer und gescheiterten Versuche vergeben? Nein, wirst du empört rufen, das habe ich nicht verdient, ich bin viel zu schlecht. An mir muss gesägt, gefeilt und gehämmert werden, und dies tue ich mit Zwanghaftigkeit, Disziplin und ohne Erfolg jeden Tag.

Mittlerweile haben Pferdeflüsterer, Zirkusdompteure und auch viele Eltern begriffen, dass mit Schuld, Angst und Grausamkeit keine Lernerfolge zu erzielen sind, sondern nur ein Auswendiglernen ohne wirkliches Begreifen erzeugt wird. Es kommt viel Unsinn dabei heraus (Militärerziehung). Die besten Lernerfolge erzielt man mit Liebe, Mitgefühl und Geduld in Verbindung mit dem Setzen sinnvoller Grenzen. Es ist nie zu spät. Hole dich da ab, wo du dich in der Kindheit verlassen hast. Heute bist du groß, reich an Lebenserfahrung und im Bewusstsein deiner eigenen Fähigkeiten, deiner eigenen Stärke. Gib deinem kindlichen Ich die Chance, in Liebe und gut geschützt von dir all das zu lernen, worauf es neugierig ist. Es darf auch leicht sein.

Führung

Führung ist dann sinnvoll, wenn ich mein Ziel kenne,
aber das eigene Licht den Weg dorthin
noch zu schwach beleuchtet.

Brauchen Menschen Führung?

Jeder trägt seine Führung in sich und sucht sich, um neue Hürden zu nehmen, geeignete Vorbilder, die niemals aufgezwungen sein sollten. Es ist wichtig, auch einmal ein negatives Vorbild zu wählen, denn wir selbst und das Leben bergen nicht nur Licht, sondern auch Schatten. Jeder hat das Recht auf seine eigene Erfahrung, wie auch immer diese aussehen mag, denn jeder hat sein eigenes Lebensprogramm mitgebracht. Je nach Charakter und Veranlagung loten wir Licht und Schatten unterschiedlich intensiv aus. Führung durch ein anderes Lebewesens ist dann sinnvoll, wenn man mit diesem zusammen nach einem geeigneten Weg sucht, wenn man Alternativen aufgezeigt bekommt. Unerwünschte Ratschläge blockieren und irritieren nur. Wir sollten Rat anbieten und dabei beachten, dass es nur unsere persönlichen Erfahrungen sind, die wir weitergeben. Sei niemals gekränkt, wenn ein Rat von dir nicht angenommen wird, es hat mit dir persönlich nichts zu tun, denn es liegt an dem selbst gewählten Erfahrungsweg der Person. Mich führen zu lassen und die Eigenverantwortung abzugeben ist immer gefährlich. Denn wie soll ein anderer als ich selbst besser wissen, was ich jetzt brauche? Abhängigkeit erzeugt Minderwertigkeitsgefühle, Ängste und Süchte in jeder Form, und es ist sehr schwer, sich aus diesem Teufelskreis wieder zu befreien. Machst du dich in irgendeiner Form abhängig, bleibst du weit unter deinen Möglichkeiten. Vertraue dich einer Führung nur zeitweise an, und zwar so lange, wie du sie unbedingt benötigst.

Besinne dich dann wieder auf dich selbst. Jeder ist von Anfang an nur für sich selbst verantwortlich. Im besten Fall kann ich für einige Zeit Sorge für ein anderes Lebewesen tragen. Mache dies auch denjenigen klar, denen du zeitweilig Hilfe anbietest. Überrede nie einen Menschen, den Weg, den du für richtig hältst, zu gehen, sonst muss er später alles nachholen. Halte dich stattdessen zurück, und begleite ihn wohlwollend ein Stück auf dem Weg, den er selbst gewählt hat. Die wunderbarste Form der Führung ist die Hilfe zur Selbsthilfe. Ich tue es nicht für den anderen, sondern ich helfe ihm, es selbst zu tun und daran zu wachsen.

Nachwort

Liebe Leserin, lieber Leser,

wenn du dich bis hierher durchgekämpft und hoffentlich einige Erkenntnisse gewonnen hast, die du für dein eigenes Leben übernehmen kannst, dann kam in dir vielleicht mit jeder Antwort eine neue Frage auf. Gerne kannst du mir deine Fragen zusenden, ich sammele sie nach Themen und beantworte sie dir gerne im nächsten Band.

In vollem Vertrauen in dich und deine unendlichen Fähigkeiten zu einer glücklichen Lebensgestaltung.

Herzlichst
Beate Kuby

Webtest: www.2012KubyundGasch.de
Kontakt: beatekuby@gmx.de

Von der Autorin bereits erschienen:

Beate Kuby
Materielle Selbstermächtigung
Vom erlösten Umgang mit Geld und Materie

256 Seiten
ISBN 978-3-8434-1068-7

Wir entwickeln uns geistig und spirituell stetig weiter. In unserem Denken über Geld und materiellen Besitz begehen wir jedoch immer wieder dieselben Fehler, die uns irreleiten und einschränken. Ein Großteil unserer Lebenskraft wird dadurch gefangen gehalten und gelangt nicht zur Entfaltung. Doch wir können etwas dagegen tun. Der Aufwand ist gering, und der Gewinn ist Freiheit. Leben Sie Ihr Recht, gehen Sie in die Selbstermächtigung! Beate Kuby zeigt Ihnen, wie Sie sich von alten Denkweisen befreien und einen entspannten Umgang mit Geld und materiellem Besitz entwickeln können. Zahlreiche Übungen und Anleitungen unterstützen Sie dabei, Vorurteile abzubauen, Prägungen zu lösen und sich endlich materiell zu ermächtigen. Sie leben jetzt, schieben Sie es nicht auf!

Beate Kuby
CD: Lichtmeditation
Heilung aus dem inneren Licht

Gesamtspielzeit: 36:34 Min.
ISBN 978-3-8434-8230-1

»Wir sind Licht, wir bestehen aus Licht, wir ernähren uns durch Licht, und wir heilen uns durch Licht.«

Licht ist die Heilnahrung unserer Zellen. Durch bewusste Konzentration auf das Licht und unsere Körperzellen sind wir in der Lage, uns selbst zu heilen. Untermalt von einer einfühlsamen Musikkomposition Stefan Scheids spricht Beate Kuby diese Meditation, die - regelmäßig gehört - Erstaunliches bewirkt.